家庭农场经营管理学

主编　何忠伟

中国商务出版社

图书在版编目（CIP）数据

家庭农场经营管理学／何忠伟主编．—北京：中
国商务出版社，2015.7（2017.8 重印）
ISBN 978 - 7 - 5103 - 1336 - 3

Ⅰ．①家… Ⅱ．①何… Ⅲ．①家庭农场—农场管理—
中国 Ⅳ．①F324.1

中国版本图书馆 CIP 数据核字（2015）第 166370 号

家庭农场经营管理学
JIATING NONGCHANG JINGYINGGUANLIXUE
主编　何忠伟

出　　版：中国商务出版社
发　　行：北京中商图出版物发行有限责任公司
社　　址：北京市东城区安定门外大街东后巷 28 号
邮　　编：100710
电　　话：010—64255862（经管与人文社科事业部）
网　　址：http：//www.cctpress.com
网　　店：http：//cctpress@ taobao.com
邮　　箱：cctpress@ 163.com
照　　排：北京宝蕾元科技发展有限责任公司
印　　刷：北京墨阁印刷有限公司
开　　本：787 毫米 × 1092 毫米　1/16
印　　张：16　字　数：235 千字
版　　次：2015 年 7 月第 1 版　2017 年 8 月第 4 次印刷
书　　号：ISBN 978 - 7 - 5103 - 1336 - 3
定　　价：39.80 元

编 辑 委 员 会

前　言

当前，我国经济发展进入新常态，农村发展也进入了新阶段。随着城镇化的发展和农业剩余劳动力的转移，农业兼业化、农村空心化、农民老龄化等已将"谁来种地"、"如何种好地"等问题摆到了我们面前。

家庭农场作为新型农业经营主体，以农民家庭成员为主要劳动力，以农业经营收入为主要收入来源，利用家庭承包土地或流转土地，从事规模化、集约化、商品化农业生产，保留了农户家庭经营的内核，坚持了家庭经营的基础性地位，适合我国基本国情，符合农业生产特点，契合经济社会发展阶段，是农户家庭承包经营的升级版，已成为引领适度规模经营、发展现代农业的新生力量。据 2013 年农业部首次对全国家庭农场展开的统计调查结果显示，目前我国家庭农场正以较快速度在各地发展。截至 2012 年年底，全国 30 个省、区、市（不含西藏）共有符合本次统计调查条件的家庭农场 87.7 万个。从 20 世纪 80 年代在中国形成至今，家庭农场已如雨后春笋，在全国各地涌现。

本书对家庭农场的内涵、功能、特征进行了界定，对家庭农场的基础理论进行了梳理，对家庭农场的产生和发展进行了描述，对家庭农场的国内外模式和经验进行了分类和比较，在此基础上介绍了家庭农场的经营、管理以及扶持政策，并对其未来发展进行了展望。

本书在编写过程中参考和借鉴了国内外许多学者的研究成果，得到了许多同行、专家的指导与帮助，以及中国商务出版社的大力支持，在此一并感谢。

书中存在的纰漏，恳请读者批评指正！

编　者

2015 年 5 月

国内外家庭农场采撷

图1　江苏省首张家庭农场执照

图2　上海家庭农场无人机喷洒农药

图3　金鼎机械种植专业合作社
帮家庭农场机械收割

图4　土地流转是家庭农场发展的
基本前提

图 5　国外家庭农场中开展采摘等多种休闲体验活动

图 6　国外家庭农场有自己的农产品和手工品

图 7　德国家庭农场实现机械化作业

图 8　在美国家庭农场一人种三千亩地

目　录

第一章
家庭农场概述

🌳 本章要点

1. 掌握家庭农场的概念；

2. 了解家庭农场与农户家庭经营的关系；

3. 掌握家庭农场与其他新型农业经营主体的区别和联系；

4. 掌握家庭农场的功能及特征。

🌳 关键词

家庭农场；家庭经营；新型农业经营主体；功能；特征

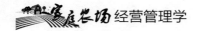

第一节　家庭农场的内涵

🌳 **案例导入**

虽各地开花，但很多人还闹不明白

今年44岁的乐清市芙蓉镇东田村村民金道会，已在当地白龙山上种了12年水果。去年8月，他注册登记了乐清市白龙山家庭农场，取代了原来的"乐清市龙山水果开发场"名称。在这个占地500亩的农场里，种植有杨梅、桃子、猕猴桃、西瓜等水果，是当地一处颇有名气的休闲采摘游场所。

当记者问注册农场后，果园的管理及经营模式是否有改变时，金道会显得一脸茫然。他说，自己识字不多，长年在山上种水果，对于家庭农场的所有了解，都来自有关部门通知他去开的几次会议。至于办农场能享受什么优惠政策，他更是毫无概念。"有了这块牌子，应该能更好地打响我这些无公害水果、蔬菜的品牌吧。"他有些迟疑地说。

像这样换个名字、干的还是老一套的家庭农场，并不在少数。62岁的徐宽成和老伴在文成南田黄垟坑村山上种了60亩板栗和杨梅。去年，有人和他说，你家板栗树这么多，可以去办个家庭农场。于是，虽然不懂什么是家庭农场，徐宽成依然去注册了一家"徐宽成家庭农场"。"我不知道这块牌子有啥用，别人叫办就去办了。"他说。

事实上，记者在调查采访中发现，尽管农业部门已经给出明确定义，但各地对于家庭农场的内涵、性质及认定标准等，仍处于莫衷一是的状态，这也导致上述这类有名无实的家庭农场在温州并非个例。

（**资料来源**：温州网，2014年4月17日）

案例思考

什么是家庭农场？它有哪些本质特点？

一、家庭农场的定义

家庭农场（family farm）是一个起源于欧美的舶来词。按照美国农业部《1998 年农业年鉴》的定义，一个"家庭农场"应该满足以下条件：第一，生产一定数量拿来出售的农产品，可以被认为是一个农场而不仅仅是一个乡下住户；第二，有足够的收入（包括非农收入）支付家庭和农场的运营、支付债务、保持所有物；第三，农场主自行管理农场；第四，由农场主及其家庭提供足够的劳动力；第五，可以在农忙时使用季节工，也可以雇用少量的长期农工。俄罗斯《家庭农场法》规定：家庭农场是享有法人权利的独立生产经营主体。它可由农民个人及家庭成员组成，并在利用终身占有、继承的土地和资产的基础上进行农业生产、加工和销售。日本虽然没有关于家庭农场的明确规定，但是其关于农户与经营体的划分，尤其是关于"销售农户"和"家庭经营体"的划分，可以为我们理解家庭农场的定义提供帮助。农业经营体指直接或接受委托从事农业生产与农业服务，并且经营面积或金额达到一定规模的农业经济组织。根据组织属性，农业经营体可分为"家庭经营体"和"组织经营体（法人）"。其中"家庭经营体"与家庭农场的概念相近。

2014 年 2 月，我国农业部在《关于促进家庭农场发展的指导意见》中提出，家庭农场是指以家庭成员为主要劳动力，从事农业规模化、集约化、商品化生产经营，并以农业收入为家庭主要收入来源的新型农业经营主体，是农业现代化的重要组织形式。

二、家庭农场与农户家庭经营的关系

家庭是整个社会组织的基本细胞，是指以婚姻和血缘关系为基础的一种社会生活组织形式。在农业发展进程中，农户家庭经营构成最基本的微观经济组织形式，即农民家庭独立或相对独立地从事农业生产经营活动，并享有经营成果。

从组织演进的角度来看，家庭农场从农户家庭经营衍生而来。两者的联系表现在：两者都是以家庭为纽带作为农业生产活动中的基本单位，共同适应农业整体发展过程中对微观生产经营主体的要求，对农业生产经营要求都具有很强的适应性。家庭农场保留了农户家庭经营的内核，坚持了家庭经营的基础性地位，是农户家庭承包经营的升级版，成为引领适度规模经营、发展现代农业的有生力量。

家庭农场和农户家庭经营的区别主要表现在：

（1）在生产经营目的上，家庭农场追求利润最大化，农户家庭经营是为了自给自足。因此传统的农户家庭只能称为单纯的农产品生产者，而不能称为是完全的农产品经营者，是属于自然经济要求的农业个体生产者范畴，很难在竞争激烈的市场经济环境下立足。

（2）在生产经营规模上，家庭农场具有较大的生产规模，实现较高的专业化、规模化和标准化生产，农户家庭经营生产规模较小，专业化、规模化和标准化生产相对滞后。

（3）在生产经营管理上，家庭农场采取企业化管理，农户家庭经营不需要考虑扩大规模、拓展市场等问题，管理方式相对传统和落后。

三、家庭农场与其他新型农业经营主体的关系

改革开放后，我国农业以小农户家庭经营为主要经营单位，但是随着经济不断地发展，城镇化速度加快，开始出现农村空心化、农业兼业化、农民老龄化的"三化"现象，传统农户经营的缺点逐渐显现。这时候"谁来种地"、"地怎么种"的问题摆在了我们面前，一些专业大户、家庭农场等开始在农业发达的地方萌芽，农业经营主体向多元化发展。在2012年农村工作会议上，首次提出"抓住两个关键"，即着力培养新型经营主体，着力发展多种形式的新型农民合作组织和多元服务主体。2014年的中央一号文件明确提出要扶持发展农民合作社、家庭农场、专业大户、农业产业化龙头企业等新型农业经营主体。2015年的中央一号文件里又进一步提出要加快构建新型农业经营体系，全面深化农村改革。家庭农场与专业大户等新型农业经营主体既

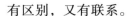

有区别，又有联系。

（一）家庭农场与专业大户的区别和联系

家庭农场与专业大户的区别主要是：家庭农场一般都是独立的农业法人，土地经营规模适度，土地承包关系稳定，生产集约化、农产品商品化和经营管理水平较高，但主要以家庭成员为主要劳动力从事生产经营，不存在常年雇工经营。专业大户的经营者既可以是农民，也可以是其他身份，其更多的是围绕某一种农产品从事专业化生产，从种养规模来看明显地大于传统农户或一般农户，此外，专业大户对雇工没有限制，如有的大户自己不种地，生产过程完全依靠雇工（见表1-1）。

表1-1　家庭农场与专业大户的区别

	家庭农场	专业大户
经营者身份	农民家庭成员	农民或其他身份
生产经营领域	种养业、综合经营	从事某一行业、某一环节的专业经营
劳动力	以家庭成员为主，雇工为辅	对雇工没有限制
集约化、商品化程度和管理水平	较高	一般

家庭农场与种养大户的联系表现在：家庭农场是专业大户的升级版，它来源于专业大户，是企业化、法人化了的专业大户。

（二）家庭农场与农民专业合作社的区别和联系

家庭农场与农民专业合作社的区别主要有以下几点：一是目的不同。相对于农民专业合作社而言，家庭农场具有盈利的目的，而农民专业合作社则以服务成员为宗旨，在首先服务成员的基础上再盈利。二是法人类型不同。家庭农场是独资市场主体，而农民专业合作社是合作性质的市场主体。三是决策机制不同。家庭农场的经营决策自己做主。合作社实行民主管理，民主决策。四是利益分配不同。家庭农场的盈利是家庭的主要收入来源。合作社的盈利在弥补亏损，提取公积金、公益金、风险发展基金后为合作社的可分配盈余。

这个可分配盈余的 60% 要按照交易量（额）返还给社员，以交易量（额）进行分配。五是对所负债务承担的责任不同。家庭农场虽有名义注册资本，但对所负的债务不以投入经营的财产为限，而是由家庭共同所有的财产承担民事责任。农民专业合作社用以对外承担责任的独立财产，包括成员的出资、公共积累、政府扶持的资金和社会捐助。农民专业合作社成员只以其账户内记载的出资额和公积金份额为限，对农民专业合作社承担责任（见表 1-2）。

表 1-2　家庭农场与农民专业合作社的区别

	家庭农场	农民专业合作社
目的	盈利	先服务，后盈利
法人类型	独资市场主体	合作性质的市场主体
决策机制	自己做主	民主管理，民主决策
利益分配	家庭的主要收入来源	在弥补亏损，提取公积金、公益金、风险发展基金后为合作社的可分配盈余
对所负债务承担的责任	由家庭共同所有的财产承担民事责任	农民专业合作社成员只以其账户内记载的出资额和公积金份额为限承担责任

家庭农场与农民专业合作社的联系表现在：农民专业合作社是家庭农场主要服务主体，可为家庭农场提供资金、信息、农业技术、农产品加工等服务，另一方面，家庭农场之间的联合也为合作社规模的形成提供了基础，这种基于农户内在需求的联合和合作，更有利于农民专业合作社的发展和壮大。

（三）家庭农场与农业产业化龙头企业的区别和联系

家庭农场与农业产业化龙头企业的区别主要有以下几点：一是在生产规模上，家庭农场的规模适度，而农业产业化龙头企业的生产规模非常大；二是在劳动力资源上，家庭农场的劳动力以家庭成员为主，雇工为辅，农业产业化龙头企业的劳动力都为雇佣劳动力；三是在经营管理方式上，家庭农场相对于农业产业化龙头企业而言，经营管理方式不断向企业化发展，逐步提升和完善，而农业产业化龙头企业的农产品生产、包装、品牌和销售等方面都发展比较成熟，在经营管理方式上实行现代企业制度（见表 1-3）。

表 1-3　家庭农场与农业产业化龙头企业的区别

	家庭农场	农业产业化龙头企业
生产规模	适度规模	大规模
劳动力资源	以家庭成员为主，雇工为辅	雇佣劳动力
经营管理方式	不断向企业化发展	成熟的现代企业制度

　　家庭农场与农业产业化龙头企业的联系表现在：对农业产业化龙头企业而言，家庭农场是其规模较大、较为稳定的原料供应者；而对家庭农场而言，农业产业化龙头企业通过在农产品深加工、增值、销售等产业链上游的优势能为家庭农场的农业生产提供产前、产中和产后等社会化服务。在实践发展中，应引导家庭农场与龙头企业发挥各自优势，联合发展，如采取"龙头企业＋家庭农场"、"龙头企业＋农民专业合作社＋家庭农场等"利益联结方式，支持和鼓励龙头企业带动家庭农场发展。

🌳 **动动脑**

1. 中国的家庭农场与国外的家庭农场有何区别？
2. 家庭农场为何会在中国产生？

第二节　家庭农场的功能与特征

🌳 **案例导入**

"80后"小伙成家庭农场主　系福建最大马铃薯种植户

　　郑平是一个"80后"，福建福清人。他的故事与很多年轻的"福清哥"不一样，他对农业情有独钟，通过努力成为一个500亩家庭农场的主人。他在农场里养殖南美白对虾、养羊和种植果树，还在平潭与人合伙种马铃薯。接下来，他准备在农场里搭建工厂化的南美白对虾养殖基地，准备建观光农业以及农业实践基地。

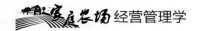

温棚对虾每年"蹦"出300万元

1月13日，福州晚报记者来到位于福清市渔溪镇下里村的福清信务家庭农场，映入眼帘的是一大片塑料大棚。农场主郑平是当地人，他说大棚里养殖的是南美白对虾，还带记者进去参观。

"南美白对虾在我们这边相对好养，因为这边水里的盐分不高。"郑平说。"我这个棚年底大约能上市7 000公斤虾，冬季市场价接近90元/公斤，主要销往福州、福清的市场。夏季一般养殖3个月就能出手，但价格是冬季的一半左右，都是做速冻出口到美国。"郑平说。

据了解，农场总共养殖了70多亩南美白对虾，一年可以放养3批。记者帮郑平算了一笔账，农场仅养虾一项保守年产值便可达到300万元。

放养山羊羊粪为果树增肥

除了养殖南美白对虾以外，农场里还饲养了山羊，种植了脐橙等果树。目前，农场里饲养的山羊有800多只，全部请工人天然放养。"每年可出售七八十只成年羊，每只30多公斤，春节之际销路特别好。"郑平说。

记者在羊圈前看到，地上摊晒着一大片羊粪。据郑平介绍，羊粪都会定期处理，主要给农场里的脐橙等果树以及马铃薯做肥料，这样循环使用，不会造成环境污染。

年轻人大多向往城市，为何这位"80后福清哥"选择在家乡开起了家庭农场呢？郑平告诉记者，他16岁就开始跟着父亲学习经营农场的事，以前主要是养殖淡水鱼、养鳗和种植果树，后来开过货车，也到贵阳做过肯德基的代理商。

赚到了"第一桶金"后，郑平选择回到家乡。因为当地农民的土地比较零散，仅凭种地难以成规模，大家都选择外出发展其他行业，土地自然被闲置下来。郑平将这些闲散土地租过来，用自己的"第一桶金"加以改造和扩建，如今农场规模已达到500亩。2014年5月，郑平注册了福清信务家庭农场，注册资金700万元，是当年省级家庭农场示范场。

种植马铃薯靠新技术增产40%

郑平还和平潭金辉农民专业合作社的林辉合作，在平潭芦洋乡黄土墩村

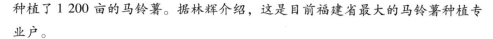

种植了 1 200 亩的马铃薯。据林辉介绍，这是目前福建省最大的马铃薯种植专业户。

"去年，我们投入近 80 万元，在基地上安装了全自动微喷灌溉系统，这样水分比较均匀，每亩可增产 40% 左右。"林辉说，"我们马铃薯的种子来自内蒙古，亩产大概四五千斤。主要销往上海、杭州、山东等市场，部分也会销往肯德基等西餐店，现在已有部分客户开始预订，批发价每斤 1.1 元多，产值大概 500 万元。"

"上半年，我们种花生、西瓜等，下半年就种马铃薯，土地利用效率比较高。"林辉说。

（**资料来源**：中国新闻网，2015 年 1 月 19 日）

🌳 **案例思考**

郑平办起家庭农场对他有哪些好处？

一、家庭农场的功能

（一）保障农产品商品化供给

家庭农场是农产品商品化生产、保障重点农产品供给的主要力量。传统分散农户经营规模小、集约化水平低，半自给特征明显，商品化供给量少，与我国工业化、城镇化对农产品商品需求刚性增长形成鲜明对比。另一方面，在各类新型农业经营主体中，专业大户专门从事某一行业、某一环节的专业经营，农民专业合作社更多提供社会化服务，农业龙头企业更多从事农产品产后流通和加工，相比较而言，只有家庭农场在产业链的上游即生产环节，从事种养业或综合经营。因此保障农产品商品化供给成为家庭农场的首要功能。

（二）转变现代农业发展方式

以农业经营为主、以农业收入为主是家庭农场区别于传统家庭经营的主要标志。在现阶段的传统家庭经营之下，兼业收入成为很多地区农户家庭的主要收入，由此带来农业生产要素投入少、科技含量低、经营粗放等问题。相比之下，家庭农场以农业经营为主，有利于资金要素的投入和科技要素的导入，推动农业的规模化、专业化、机械化和科技化的发展。同时企业管理制度的引入，让家庭农场的管理将更加规范化。作为新型农业经营主体，家庭农场既能发挥家庭经营的独特优势，又能克服传统家庭承包经营的弊端，转变现代农业发展方式，有力推动传统农业向现代农业转型发展。

（三）培养新型职业农民

新型职业农民是指具有科学文化素质、掌握现代农业生产技能、具备一定经营管理能力，以农业生产、经营或服务作为主要职业，以农业收入作为主要生活来源，居住在农村或乡镇的农业从业人员。随着农村劳动力大量向二、三产业转移以及新生代农民工对土地的"陌生"，留守农业人群呈现出总量相对不足、整体素质偏低、结构不尽合理等问题。然而，新型职业农民将以从事农业作为固定乃至终身职业，成为真正的农业继承人。其主要特点表现在：其一，新型职业农民是市场主体；其二，全职务农，把务农作为终身职业；其三，具有高度的社会责任感和现代观念；其四，具有"能创业"的特点；其五，具备较大经营规模，具有较高收入；其六，具有较高的社会地位，受到社会的尊重。而家庭农场主的培养和成长，也正是新型职业农民的成长和形成的过程。

二、家庭农场的特征

（一）以家庭成员为主要劳动力

家庭农场仍然以家庭为生产经营单位，主要依靠家庭成员而不是依靠雇工从事生产经营活动，仅在农忙季节可以有少量的季节性雇工。家庭农场在生产作业、要素投入、产品销售、成本核算、收益分配等环节，都以家庭为基本单位，继承和体现家庭经营产权清晰、目标一致、决策迅速、劳动监督成本低等诸多优势。家庭成员劳动力可以是户籍意义上的核心家庭成员，也

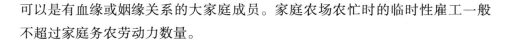

可以是有血缘或姻缘关系的大家庭成员。家庭农场农忙时的临时性雇工一般不超过家庭务农劳动力数量。

（二）以农业为主要生产经营主业

家庭农场专门从事农业，主要进行种养业专业化生产。区别于自给自足的小农户以及从事非农产业为主的兼业农户，家庭农场是以提供商品性农产品为目的开展专业化生产。家庭农产品的专业化、集约化和商品化程度均相对较高，满足市场需求，获得市场认可是其生存和发展的基础。家庭成员可能会在农闲时外出打工，但其主要劳动场所在农场，以农业生产经营为主要收入来源，并不低于农村平均收入水平的收入。农业部在2013年开展家庭农场调查的通知中提出，农业生产经营收入占家庭收入的比例要达到80%以上。

（三）以适度规模经营为基础

家庭农场的适度规模经营体现在两方面，一是种养规模与家庭成员的劳动生产能力和经营管理能力相适应，符合当地确定的规模经营标准，确保既充分发挥全体成员的潜力，又避免因雇工过多而降低劳动效率；二是与能取得相对较为体面的收入相匹配，即家庭农场人均收入能接近、达到甚至超过当地城镇居民的收入水平，实现较高的土地产出率、劳动生产率和资源利用率。

（四）具备法人性质

家庭农场依法经工商注册登记，领取营业执照，取得市场主体资格。根据生产规模和经营需要，设立为个体工商户、个人独资企业、普通合伙企业或者公司。区别于未注册登记的自然人或农村家庭承包户，经登记后的家庭农场具有场所、拥有营业执照和税务发票等，进行会计核算、可以注册品牌或有可使用的品牌，是具备法人性质的市场经济组织，具有相对较高的经营管理水平和诚信度。

🌳 **动动脑**

1. 在中国，家庭农场如何推进中国农业发展？
2. 与国外家庭农场相比，中国家庭农场具有哪些主要特征？

🌳 **链接案例**

抢占先机——蓝招衍办全国最早的家庭农场

2014 年中央一号文件提出，要大力扶持和培育农业专业大户、家庭农场、农民合作社等新型生产经营主体。这一政策的提出，显然将给农村经济发展带来新的机遇。

其实，早在 24 年前，在福建省闽西永定县的一座大山里，就产生了中国最早的家庭农场——招宝生态农庄，下面就讲讲这个全国最早的家庭农场的传奇故事。

一、蓝屋村：穷则思变

在闽西大山深处的永定县湖雷镇，坐落在山沟沟里有一个小村子叫"蓝屋村"，这里二三十户人家，全都姓蓝。

这里曾经是有名的穷地方，人均年收入不足 100 元，20 世纪 90 年代初，全村没有一台黑白电视机；今天，虽然村民们已经住上了新村改造建起的楼房，但是依然遗留着部分村民们没有舍得拆掉的残破不堪的土坯房，从这些土坯房，我们可以知道他们过去的生活状况。

1982 年，村里出了一名大学生，村民蓝书添家的大儿子蓝招衍考上了福建中医学院；这是本村蓝姓家族第一个大学生。蓝招衍在读大学期间，看到城里人住楼房、开轿车，吃的、穿的、用的都与家乡的农民有天壤之别，这让蓝招衍羡慕不已，城里人每天 8 小时工作，周末还有休息，而乡亲们一年 360 日面朝黄土背朝天，还经常缺衣少食，这巨大反差令蓝招衍震撼，同时他也在思考：我的家乡何时可以过上城里人一样的生活呢？从那时起，他便在心里埋下了要改变家乡贫穷状况的梦想。

二、为办家庭农场，辞掉铁饭碗

蓝招衍毕业后当了医生，有了一份令人羡慕的工作，他也成了蓝家的荣耀和顶梁柱。

但是，蓝招衍在当了多年医生之后，却又毅然辞职回到了村里；对于蓝招衍的决定，家里人激烈反对，妻子对他劝说无效，气得回了娘家。

蓝招衍为什么要做出这样的决定？在别人不理解的背后还有什么秘密？原来是弟弟蓝招宝高考落榜没有找到工作，蓝招衍便帮助弟弟在家养起了山鸡，由于野味在市场上非常走俏，当时兄弟姐妹齐上阵，将自家的自留地用竹竿圈成大棚，又雇用了几个外地人共同饲养，1991 年，出栏山鸡 2 万多只，除去成本，纯收入 2 万多元。在当时贫穷的山沟农村，这个收入可算是奇迹了，当地媒体闽西日报得到消息，第一个派记者来蓝屋村采访。乡镇领导、县委领导都来参观，就连地委书记黄小晶也亲自来视察。

1994 年，在黄小晶书记的大力支持下，招宝家庭养殖场进行大规模扩建，在 200 多亩的后龙山建设了数千平方米养殖场。并成立"闽西招宝珍禽开发公司"，珍禽数量由几千只扩大到几万只。就在山鸡养殖事业蒸蒸日上的时候，因为管理不善而被一个饲养员配错了防疫药物，药死了 2 万多只鸡，养鸡场面临倒闭，还欠下了外面 50 多万元的饲料、药品等债务。

当时兄弟几个和父母在一起生活，债务不可能推给蓝招宝一个人，而蓝招衍当时的工资才 100 多元，除了一家子的生活开支，所剩无几，哪里还有钱还债？蓝招衍就是在这样的情况下，决定辞去铁饭碗的。

蓝招衍做了近 10 年的医生，在社会上很受人尊重。他认为弟弟欠下别人的钱，自己有责任还。但是靠自己当医生的收入，恐怕一辈子也还不完。而且，在他的头脑里是不允许别人对自己及家庭有负面评价的。所以，他要通过再次创业来将债务还掉。

三、从头再来，创新助力大发展

蓝招衍接手养鸡场后，采取了一系列措施：

1. 建章立制、严格管理

蓝招衍认识到，规模化养殖，过去家庭作坊式的管理已经完全不能适应要求。因此经过考察研究，最后决定采用海尔公司的 OEC 管理模式，并且建立了大量的管理制度，使生产的每一个环节都做到可控、可管、可调。另外抓紧对饲养员的技术培训、管理培训，使人员素质大幅度提高。

2. 技术创新

蓝招衍因为是学医出身，并在多年的行医生涯中形成了细致、严谨、务实的工作习惯，因此，除了管理上的改弦更张，还有技术上的创新：他针对珍禽的感冒、应激、白痢等研制出了纯中药制剂珍禽康宝，针对野猪仔猪拉稀研制出了纯中药制剂野猪腹泻散，针对野兔腹胀毛病研制出了野兔腹胀散，针对珍禽皮肤病、寄生虫等研制了给珍禽洗砂浴的保健砂、针对生长慢的瘦弱动物研制了动物生长因子等。

3. 创造招宝生态循环立体种养模式

经过蓝招衍的系统整顿、改造和创新，招宝特种养殖已经从家庭作坊转变为符合现代市场经济要求的现代农业企业，为了满足市场需求，此后蓝招衍又引进孔雀、贵妃鸡、绿壳蛋鸡、白鹜鸭、野猪、野兔等品种。但是由于养殖规模不断扩大，养殖场的动物粪便、污水对环境的污染，成了亟须解决的问题。蓝招衍经过多方考察，特别是认真研究了菲律宾的玛雅农场资料，决定投资建设沼气系统，采用立体种养、废物循环利用方式进行，逐渐形成了招宝公司独特的生态循环立体种养模式，如今已经成为全国学习的榜样。

四、行业拓展，休闲农业开新貌

2002 年的一天，蓝招衍看了赵本山的《刘老根》电视剧，忽然心中一

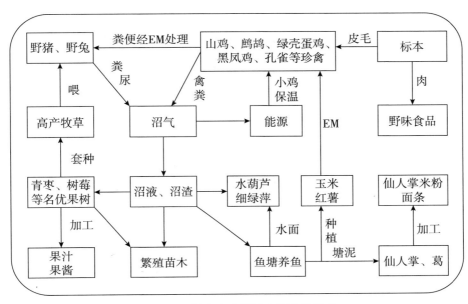

图 1－1　招宝生态循环立体种养模式

动：刘老根电视剧中的龙泉山庄，集生产、旅游、休闲、娱乐为一体，搞得红红火火，不仅有特色，而且效益好，这个才是我理想中的事业啊！

　　蓝招衍开始筹备建设龙泉山庄式的家庭农场。经过几个月的市场调查，他了解了现代人崇尚自然、返璞归真的时代潮流，城里人逐渐热衷于"种农家菜、住农家屋、吃农家饭、做农家人、品农家乐"的生态型旅游，于是利用自己的特色产品野鸡、野猪、野兔、贵妃鸡、绿壳蛋鸡、孔雀等动物及农庄自种的水果、蔬菜，投资 650 万元建起了全木结构独具特色的"刘老根山珍野味馆"，同时在桂花林、果园、山坡等处建设了十几座温馨的木屋别墅，一个珍禽标本制作展览馆、一个野味烧烤场、一个秋千、吊索桥、木墩桥、跷跷板等健身娱乐设施组成的健身娱乐场、一个摸鱼池、一个棋牌馆、一个人工瀑布假山、一个乒乓馆。经过一年多的施工，一个集生产、消费、餐饮住宿服务、休闲娱乐等立体式、多功能的生态休闲式农庄终于建起来了。

　　蓝招衍又用一幅图表示了自己家庭农场的运营模式：

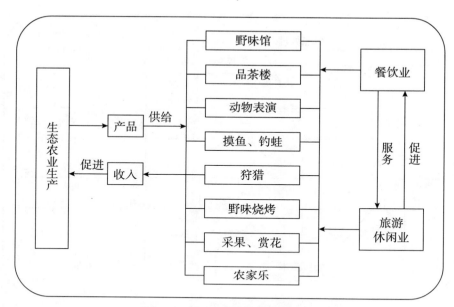

图 1 - 2　蓝招衍家庭农场运营模式

五、品牌建设，打造中国生态农庄第一品牌

蓝招衍不仅有独到的创业眼光和坚持不懈的精神，而且具有超前的品牌意识，1999 年年底就开始申请"招宝"商标注册，为提高企业品牌知名度和加大品牌宣传力度，招宝公司每年都投入大量的资金进行市场推广和品牌宣传工作。例如 1998 年就自办企业网站，2005 年被评为全国企业网站 100 强。外部媒体宣传也加大力度，《农村百事通》、《商界》、《农民日报》、《农村新技术》、《科学种养》以及央视 1、2、7、10 套和福建、龙岩（农用地、商住地、工业地）、广东（农用地、商住地、工业地）、江西（农用地、商住地、工业地）、湖南（农用地、商住地、工业地）、湖北（农用地、商住地、工业地）、安徽（农用地、商住地、工业地）、山东（农用地、商住地、工业地）等电视台都是招宝农庄的宣传平台。

2002 年，赵本山的电视剧《刘老根》开始在全国热播，蓝招衍看到电视剧中刘老根办的龙泉山庄搞得有声有色、风风火火，他结合国家开始重视休闲农业发展的政策，马上意识到旅游休闲业的巨大市场和无限商机。于是果断注册"刘老根休闲农庄"商标，为了配合"刘老根休闲农庄"品牌的经营与推广，当年投资 500 多万元，利用农庄的野鸡、野猪、野兔、鹧鸪、孔雀等动物及水果、蔬菜等产品，修建木屋、竹楼、草棚及欧式建筑等特色休闲设施，发展农庄野味馆，专营山珍野味；同时还开展动物观赏、标本展览、野鸡野猪打斗、烧烤、垂钓、采果、娱乐等丰富多彩的参与性节目发展休闲观光旅游，使招宝农庄成为集休闲、旅游、度假、野营、避暑、科学考察、科普教育、农业生态示范为一体的大型生态旅游农庄。

2009 年 4 月，"招宝"被国家工商总局商标局评审为"中国驰名"，"刘老根休闲农庄"也成为龙岩市知名商标。

六、荣誉来自不懈追求

如今，在中国特种养殖行业、生态农庄行业，福建招宝生态农庄早已名闻遐迩，就连中国台湾、中国香港、新加坡、马来西亚等地区和国家都有客商常来参观学习、洽谈和合作。2009—2012 年，招宝家庭农场生产山鸡、贵妃鸡、野猪，连续被省人民政府授予"福建省名牌产品"，2011 年 2 月，经国家标准化管理委员会批准公布，招宝农庄成为全国第一家家庭农场被批准为"国家级农业标准化示范区"；2012 年 8 月，福建省农业厅、财政厅将招宝农庄评为"福建省农牧业龙头企业"，2012 年 5 月，农庄庄主蓝招衍被中国科协、财政部评为"全国基层科普行动计划先进个人"；在连续多年获得福建省守合同重信用单位基础上，2012 年，招宝农庄被国家工商局授予"全国守合同重信用单位（2010—2011）"；2012 年 4 月，"招宝"商标被国家工商局评定为"中国驰名商标"，结束了永定县没有驰名商标的历史。

以上诸多荣誉的取得，都是与农庄庄主蓝招衍不断追求卓越的精神分不开的。但是，我们从另一个角度来看，作为一家山沟里以种养为主的家庭农场来说，能够取得如此成就，这简直就是一个奇迹！是中国家庭农场成功的最好典范！

（**资料来源：**招宝生态农庄作者，蓝招衍）

复习思考题

1. 何谓家庭农场?
2. 家庭农场与农户家庭经营的关系是什么?
3. 家庭农场与其他新型农业经营主体的区别和联系分别是什么?
4. 家庭农场具备哪些功能?
5. 家庭农场具有哪些特征?

第二章
家庭农场的基础理论

🌳 **本章要点**

1. 了解规模经营理论的要点，并理解该理论在家庭农场中的运用；

2. 了解产权理论的要点，并理解该理论在家庭农场中的运用；

3. 了解雇工效率理论的要点，并理解该理论在家庭农场中的运用；

4. 了解制度变迁理论的要点，并理解该理论在家庭农场中的运用。

🌳 **关键词**

规模经营理论；产权理论；雇工效率理论；制度变迁理论；家庭农场

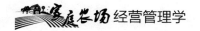

第一节　规模经营理论

🌳 **案例导入**

规模经营带动家庭农场致富

　　"米满仓、粮满仓"是过去几代农民的梦想。而今天吉林龙潭区农民赵士刚怎么也没想到，他们夫妇俩能经营 60 公顷土地，收获 150 万斤玉米。今年 48 岁的赵士刚是龙潭区金珠镇南兰村农民。几年前，他除了种自己的田地外，还租种了几公顷地，外加上农闲到工地打点零工，一年下来收入也不少。可因生产规模小、种田技术掌握不精准，增收不理想。2013 年年初，市松花江种业集约化种植项目组技术人员上门推广"家庭农场"项目，给了赵士刚大干一场的决心。说干就干。赵士刚从村民手里租了些地，种植面积发展到 60 公顷。备耕时，项目组的技术员上门帮助测量土壤，选择良种、化肥，并依据科学规划出垄间距，买来种收配套的播种机、施肥机、收割机；春耕时，技术员指导赵士刚采用气吸式单粒精播，节省了后期间苗的人工，并采用二次施肥，提高了肥效……赵士刚夫妇在项目组的指导下，采用机械化，科技种田，大幅度降低了农业生产成本，提高了收益。秋收完毕，金灿灿的玉米仓堆满了赵士刚家数千平方米的院子。说起今后的打算，赵士刚信心十足："通过这一两年的努力，想着下一步把规模再扩大，把日子过得更加红火。"

　　（**资料来源：**中国农业信息网，2013 年 11 月 18 日）

🌳 **案例思考**

　　一年之内，赵士刚种田发生了哪些大的变化，对其生产、生活产生了怎样的影响？

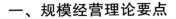

一、规模经营理论要点

（一）规模经济的内涵

根据《新帕尔格雷夫经济学大辞典》① 给出的定义，在既定的（不变的）的技术条件下，生产一单位单一的或者复合产品的成本，如果在某一区间生产的平均成本递减（或递增），则称之为规模经济（或规模不经济）。

规模经济可以分为三个层次理解：其一，单个生产要素在某个经济实体内聚集形成一定的规模；其二，多个要素为生产某种产品而某个经济实体内的聚集形成的一定的规模；其三，一个经济实体生产不同的产品产生的范围经济，或者一个经济实体延伸单个产品的产业链而形成的范围经济，或者是在某一区域内，不同的经济实体相互协作，节约管理及交易成本而形成的范围经济。

（二）农业规模经营的内涵

规模经济体现在农业经营方式上，即构成了农业规模经营。农业规模经营包括农业内部规模和外部规模两个层次的含义。

农业内部规模包括投入规模和产出规模两个层面。其中农业投入规模分为土地规模、资金规模和劳动力规模等，产出规模包括产量规模、收入规模或者是利润规模等。

农业外部规模一方面体现为由农产品、服务市场规模的扩大后形成产业集聚、区域带动，另一方面通过农业产业链的延伸来实现农业生产经营的扩张，突破传统农业的自我封闭与自给自足构成。比如在某一地区集中连片发展某种或某类农产品，通过周边市场的扩大获得产业集聚、区域带动等外部

---

① 《新帕尔格雷夫大辞典》：是由英国经济学家伊特维尔约请美国经济学家米尔盖特和纽曼为他的合作者，于1983 年开始编撰，1986 年 9 月出版的，被堪称最权威的经济百科全书。

规模效应,从而提高每个生产者的效率,而且当农户周边地区形成某一农产品的主要生产地后,市场的扩大和知名度的提高等,将大大降低农民进入市场的各种成本,形成外部规模。

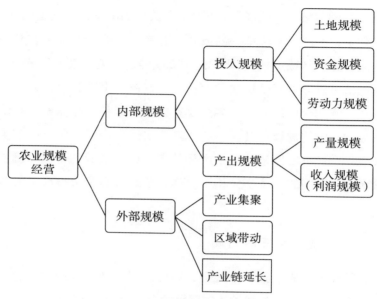

图 2-1　农业规模经营内涵图解

(三) 农业规模经营的核心——土地规模经营

由于农业生产的特殊性,土地是农业生产中最基本的投入要素和生产资料,因而土地规模化基础上的生产资料的规模化使用,是农业规模经营的基本内涵,其核心是土地规模化基础上的规模生产。因此,土地的规模经营是农业规模经营的直观表现。

土地规模化经营是指随着农村社会中生产力的发展,为了使农业的效益得到进一步的提高,将农村中的土地、技术、资金、人力资源等诸多要素,按照市场经济的规模优化配置后所产生的一种经营形式。

土地规模经营分为下界规模和上界规模:下界规模即在该经营规模水平

下，农户能够获得与打工收入相当的收益。上界规模是指最佳规模，是指经营主体在此规模经营下，亩均纯收入最大；当土地经营规模小于最佳规模，扩大土地面积可以提高亩均纯收入；当土地经营规模大于最佳规模时，扩大土地面积反而会降低亩均纯收入。

二、家庭农场中规模经营理论的实践

适度规模经营是家庭农场主要特征之一。首先，从规模经营来看，就内部规模而言，家庭农场的土地面积增加、资金来源增加、劳动力除家庭成员外也加入了临时性或季节性雇工，使得效率增加，形成投入规模；同时伴随家庭农场商品化、机械化和科技化等的发展，产量和收入也随之规模化增长，进而形成产出规模。就外部规模而言，随着家庭农场的逐步发展，产业集聚将逐步出现，地区性的产业结构调整和经济增长、农民增收等相应能逐步形成。

其次，从适度规模来看，家庭农场发展规模经营势在必行，但规模要适度，要与农业劳动力和人口流出相适应，要兼顾效率与公平、发展与稳定，不能脱离人多地少的基本国情。到底多少算"适度"，需要根据区域特征、土地条件、作物品种以及经济社会发展水平等多种因素来确定。各地可依据农村劳动力转移情况、农业机械化水平和农业生产条件，研究确定本地区土地规模经营的适宜标准。

在本节案例中，赵士刚夫妇原来只耕种几公顷地，生产规模小，很多先进农机无法使用，增收并不理想。后来，由于政府鼓励，扩大了经营规模，将种植面积由几公顷发展到 60 公顷，使得播种机、施肥机、收割机等先进农用机械能够高效率使用，并且使用科学的播种方式，节省了人工，降低了成本，提高了收益。由此可见，家庭农场的规模经营给赵士刚这样的农民带来了丰收。

但现实中，我们要特别注意的是，办家庭农场，不能盲目追求规模大，必须适度规模经营。规模经营的适宜标准要依据自然经济条件、农村劳动力转移情况、农业机械化水平等因素而定。2014 年 11 月，中央在《关于引导农村土地经营权有序流转发展农业适度规模经营的意见》中提出"现阶段，对土地经营规模相当于当地户均承包地面积 10 至 15 倍、务农收入相当于当地二、三产业务工收入的，应当给予重点扶持"。在 2014 年年底中央农村工作会上也提出发展适度规模经营，方式多种多样，允许"探索、探索、再探索"。

🌳 动动脑

1. 实现农业规模经营的前提条件有哪些？
2. 我国不同地区对家庭农场的适度规模有何界定？

第二节　土地产权理论

🌳 案例导入

土地流转，让农民挣上"双薪"

"老徐啊，你家土豆还有没有了？"进入 10 月以来，道里区榆树镇望哈村村民徐淑艳的手机几乎成了求购"热线"。日前，记者来到徐淑艳的康泰家庭农场时，她家的 700 吨土豆都卖光了。眼看着玉米价格不断攀升，她信心十足地说："年收入接近百万应该不成问题。"

44 岁的徐淑艳过去在村里包过地。2013 年，听说中央 1 号文件鼓励和支持发展家庭农场经济，她就到工商部门打听，准备自建家庭农场。在与村民们协商后，她以每亩 600 元的价格，从 36 户村民手中承包了 1 100 余亩土地，并在工商部门正式申请注册了"康泰家庭农场"。

"没想到家庭农场的集约生产效益这么明显。"徐淑艳说，在进行土地整理和种植时，由于打破了垄沟界限并采用大亩双行播种方式，承包的这 1 100 亩地"多"出了 300 多亩。在采购种子、化肥等农资时，量大议价空间也大，比原来的零售价省了 1/3 以上。在购买了享有国家补贴政策的收割机、旋耕机、播种机进行机械化作业后，平时田间管理只需 6 个人就足够了，而且在销售时还吸引了哈达、麦肯等经销和生产商主动前来采购。"按照现在的行情，今年种的 230 亩土豆和 800 多亩玉米，都能卖上好价钱，除去各种开支，一年收入近百万应该不成问题。"

（资料来源：哈尔滨日报，2014 年 11 月 11 日）

🌳 案例思考

土地流转了之后，对徐淑艳建立家庭农场有什么影响？

一、产权理论要点

产权理论的核心分析工具是"交易费用"，自从科斯将交易费用方法运用到产权问题的分析之后，就标志着现代产权理论的诞生。随后，经过舒尔茨（Schults）、斯蒂格勒（Stigler）、阿尔钦（Alchain）、德姆塞茨（Demsets）、诺斯（D·North）和张五常等学者丰富和发展之后逐渐形成一个系统的理论。该理论从产权的定义入手，以产权的界定、产权的内容、产权的交易以及产权的安排对经济活动和资源配置的效率的影响等为主要内容，构成一个比较完整的理论体系。其中主要有科斯关于社会成本和产权的理论、德姆塞茨关于产权和所有制的理论、阿尔钦关于产权性质和分类的理论及张五常关于私有产权与土地租约安排的理论。

（一）科斯关于社会成本和产权的理论

科斯认为权利的初始界定在权利转让和重新组合的市场交易之前，因为如果最开始没有权利的初始界定，就不会存在权利转让和重组的市场交易。因为市场、企业和政府的运行机制都需要各自的成本，权利的法律界定和法院就会对经济行为有着直接的影响，反之，如果其运行无成本，最终结果是不受法律状况的影响的。因此，在零交易成本的情况下，当事人可以任意达成契约，以修正其权利与义务，以便实现产值最大化；在正交易费用时，由于部分契约成本过高不能达成，人们采取实现最大化行动的动机就会减弱甚至失去，此时，法律规定就决定了今后应该达成怎样的契约安排，以便按照他们的利益要求，实现产值最大化。

（二）德姆塞茨关于产权和所有制的理论

在该理论中，德姆塞茨建立了产权起源模型并指出了产权与所有权的区别。他认为产权是附着在物上，与交易联系在一起，是人与人之间的一种关系，而完备的产权至少代表一种权利或者一个产权束。产权的主要功能就是引导人们将外在性更大程度内在化，内在化的基本途径就是确立产权。新产权的产生是由外在性引起的，这是因为新产权是相互作用的人们对新收益——成本的可能渴望进行调整的回应，而新的收益——成本的可能渴望又是由新的外在性引发的。比如，技术的发展使得建造高楼成为可能，这样就对使用有限的空间产生了新的竞争性需求，从而引发新的外在性，当使得外在性内在化的收益大于其成本时，就产生了新的产权。将产权理论扩展到土地，土地私有制的结果就使得与公有制相联系的许多外部成本内在化。

（三）阿尔钦关于产权性和分类的理论

阿尔钦在推广和深化科斯理论的基础上又提出了产权界定成本和产权排他性、分割性、外部性。阿尔钦认为产权的界定不同给不同当事人的成本和收益带来不同的变化，当交易费用为零时，影响也为零，但交易费用为正时，产权界定就会产生不同的资源配置效率，因此产权界定也是有成本的。产权具有的排他性并不是人们对物品各种有矛盾的用途的限制，而是对这些用途进行选择。产权的分割性，使得人们在拥有和行使可分割权利方面实行专业化，进而可以获得种种收益。最后阿尔钦提出产权具有外部性，他认为产权制度的出现可以使成本或收益的外在性内在化，即经济当事人既要承担他应承担的成本，也能获得应得利益。

张五常关于私有产权与土地租约安排的理论。张五常的观点是市场价格运作是需要成本的，而合约安排是节约交易费用的方式，不同合约安排并不意味着不同资源配置，其实际的资源配置是相同的。风险分散带来的收益与不同合约相关联的交易费用的加权决定了合约的选择。他认为在租佃制下的

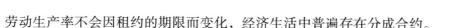

劳动生产率不会因租约的期限而变化，经济生活中普遍存在分成合约。

二、家庭农场中土地产权理论的实践

2014 年 11 月中共中央办公厅、国务院办公厅印发了《关于引导农村土地经营权有序流转发展农业适度规模经营的意见》，并发出通知，要求各地区各部门结合实际认真贯彻执行。该《意见》着重于三个方面：一是推进现代农业发展。在坚持土地集体所有的前提下，实现所有权、承包权、经营权三权分置，形成土地经营权流转的格局，大力培育和扶持多元化新型农业经营主体，发展农业适度规模经营。二是维护农民合法权益。建立健全土地承包经营权登记制度，保护农户土地承包权益。坚持依法自愿有偿，尊重农民流转主体地位，让农民成为土地流转和规模经营的积极参与者和真正受益者。三是坚持一切从国情和农村实际出发。

十一届三中全会以后，我国实行农户承包经营，土地集体所有权与农户承包经营权实现了"两权分置"，这是当时我国农村改革的一项重大创新。然而，随着工业化、城镇化快速发展，大量农村劳动力离开农村，农民出现了分化，承包农户不经营自己承包地的情况越来越多。另一方面，家庭农场等新型农业经营主体需要扩大土地规模，实现规模经营。因此，顺应农民保留土地承包权、流转土地经营权的意愿，该《意见》把农民土地承包经营权分为承包权和经营权，从"两权分置"过渡到"三权分置"，这是我国农村改革的又一次重大创新。"三权分置"是引导土地有序流转的重要基础，既可以维护集体土地所有者权益，保护农户的承包权益，又能够放活土地经营权，解决土地要素优化配置的问题；既可以适应二三产业快速发展的需要，让农村劳动力放心转移就业、放心流转土地，又能够促进土地规模经营的形成。

此外，针对农户承包地仍然存在面积不准、空间位置不明、登记簿不健全等问题，该《意见》还指出，要对承包地进行确权登记和有序流转，颁发权属证书，强化物权保护，为土地经营权流转奠定坚实的产权基础。只有稳定土地承包关系，农民的土地承包经营权得到充分保障，农民才会放心长期流转土地，流入方也才能获得稳定的经营预期。

在本节案例中，徐淑艳的经历充分体现了土地产权改革给家庭农场发展带来的甜头。在"三权分置"前，她只经营自家的土地，远不能达到规模经营。在土地可以流转后，她从村民手中承包了 1 100 亩地，由于拥有了这些土地的经营权，自主性更大，她打破了垄沟界限并采用了大亩双行播种方式，使得承包的 1 100 亩地"多"出了 300 多亩。而且由于土地规模变大，先进的农用机械得以使用，同时成本也降低了，获得了丰收。正是由于有了土地承包权与经营权的分离，土地可以流转，徐淑艳才得以实现规模化经营，并且有权利保障，可以安心经营，减少了交易费用，获得了好收成。

🌳 动动脑

1. 请找找你身边实现了土地"三权分置"的实例。
2. 请画一张 1949 年新中国成立以来，土地制度改革的流程图。

第三节　雇工效率理论

🌳 案例导入

家庭农场让田野更添生机

浙江省富春江镇金家村的沈柏尧家庭农场"排场"很大，村口 300 余亩蔬菜地里，那连片种植的包心菜，经过雨水的浇灌，看上去特别的润泽。萧山人沈柏尧是在 2013 年年初到金家村，一口气"圈"下了 500 亩土地种植蔬菜和果树。

金家村生态环境好，地理位置优越，沈柏尧一眼"相中"了这块宝地。他把"圈"下的地分区块种植经营。其中 300 余亩地种植蔬菜，如上半年种植菜大豆，下半年种包心菜等，另外 150 余亩则种上无花果。据了解，在浙江省，这么大规模种植无花果的家庭农场很少，一般种植规模都在数十亩左右。

夫妻俩办家庭农场，两个人要管理种植 500 亩地，忙得过来吗？如今，市场竞争激烈，农业投入大、风险大。没有规模、没有农机难以做强做大。"我们农场里开沟机、抽水机等现代化农业机械都有。该用机械的都用上机械，像采摘毛豆就需要叫人帮忙了。农忙时我们就叫村里和附近村的空闲劳动力前来，那时每天需要十几个劳动力。上半年我仅支付工资就达 20 余万元。"

沈柏尧指着数百亩绿油油的包心菜苗说："今年中央一号文件要求加强'家庭农场'建设，更坚定了我办家庭农场的信心。从控质量、创品牌、做营销入手，一步一步升级，不久的将来，我的家庭农场就是个现代化农业企业。"

（资料来源：桐庐新闻网，2013 年 10 月 9 日）

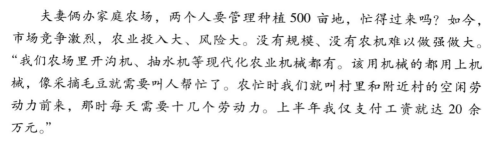 **案例思考**

上述案例中的家庭农场的劳动力和传统农户的劳动力有何不同？

一、雇工效率理论要点

（一）委托人与代理人的关系

雇工效率理论是代理理论的细化。代理理论主要试图将某一类问题模型化，那就是：委托人想使代理人按照自己的利益选择行动，但委托人不能直接观测到代理人选择了什么行动，能观测到的只是另一些变量，这些变量有代理人的行动和其他的外生随机因素共同决定，委托人的问题是如何根据这些观测到的信息来奖惩代理人，以激励其选择对自己最有利的行动。

（二）雇佣劳动力产生监督费用

由于道德风险的存在，雇主不可避免地会对雇佣劳动力进行监督，这就产生了相当一部分监督费用，进而减少一部分生产效益，降低了雇主的收入。

（三）雇佣劳动力生产效益较低

雇佣的工人不是为自己工作而是为他人工作，是为农场主追逐利润甚至是超额利润服务的，因此其工作积极性相对比较低，劳动生产率会低于雇主或者所有者，生产效益相应就较低。

（四）雇佣劳动力存在滞后效应

雇主或者管理方案的决策者制订工作计划后，在向雇佣劳动力传播过程中，会有时间差，在实施过程中也不能立即检验计划的合理性和有效性，必须一段时间后才能对原计划做出评价，因此滞后效应明显。

二、家庭农场中雇工效率理论的实践

家庭农场的劳动力以家庭成员为主，根据生产需要也会出现少量季节性或农忙性雇工。相比较而言，家庭成员在家庭农场发挥着主体作用，季节性或农忙性雇工发挥辅助作用。

实际上，家庭经营是最普遍的农业经营形式，而家庭农场是农业家庭经营的最高形式。在家庭农场中，相对雇工而言，以家庭成员为主要的劳动力，这是由农业生产的特点决定的。首先，家庭成员在雇佣关系中更能适应环境产生更高的效率。家庭成员本身是农业剩余价值的索取者，都是为自己工作。家庭农场的收入除劳动报酬还有经营利润，但不会细分，都归整个家庭所有，也就是家庭成员的利益高度一致，这就免去了监督费用，而且要比雇工更能适应环境产生更高的效率。其次，家庭成员对自我利益的克制分担了农场的风险。家庭成员的性别、年龄不同，其技能、体质也不同，在家庭农场中的充当角色也是不同的。他们由于有一致的利益要求，就会尽力去经营、工作，来防止各种风险的发生，降低了风险的概率。但是雇工即使会有不同，但不会主动去尽自己所能去防止风险发生，农业生产遭受风险的概率将会很大。再次，家庭农场的雇佣包含了对雇佣关系的投资。因为雇工是有道德风险问题存在的，需要监督。但农业生产空间分散，又要求生产者随时根据自然环境的变换而转变生产决策。因此，雇工的出现总会降低一部分生产效益。

另一方面，虽然在家庭农场中，家庭成员作业有更多的优势，较之雇工有更高的工作效率，但由于家庭农场是规模化经营，会季节性或时段性的需

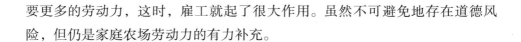

要更多的劳动力，这时，雇工就起了很大作用。虽然不可避免地存在道德风险，但仍是家庭农场劳动力的有力补充。

在本节案例中沈柏尧的家庭农场经营规模为 500 亩，一般情况下，夫妇二人利用先进的农业机械就可进行耕作经营。由于夫妇二人劳动所得都是自己家的收入，利益高度一致，不需要进行监督，就会有很高的效率。而且，夫妻二人亲自经营自家的农场，会根据气候、天气等环境变化，随时调整农业经营策略，尽最大可能避免风险。然而，在农忙时，如材料中所提"采摘毛豆"时，两个劳动力是远远不够的，这时候就"叫村里和附近村的空闲劳动力"来帮忙，需要十几个劳动力。家庭成员为主，季节性雇工为辅，正是我国家庭农场的一大特色。两者结合，既可以充分发挥家庭经营的优势，使得效率最大化，又可以及时补充农忙时劳动力的不足。

🌳 **动动脑**

1. 我国为什么规定家庭农场只允许短期或季节性雇工？

2. 请比较，如果你作为家庭成员为自己家种地，和你作为雇工为别人家种地，前后两者的你，会有哪些异同？

第四节　制度变迁理论

🌳 **案例导入**

吉州家庭农场快速发展

"多亏了政府的大力支持和帮扶，才让我建起了这个养牛家庭农场，这批牛预计明年 6 月份左右出栏，利润将达到 40 万元左右。"在吉州区兴桥镇的罗泉生养牛场内，正在忙碌的罗泉生笑着对笔者说道。

2014 年以来，吉州区大力发展高效农业，不断加大对家庭农场的政策、资金扶持，积极引导专业大户建立家庭农场，全区家庭农场呈现飞速发展势头。目前，在工商局注册或经农业部门认证的家庭农场共 84 家，仅今年就新增 79 家。涌现了像兴桥罗泉生、樟山承骏、长塘龙腾等有规模有质量的家庭农场。

为促进家庭农场健康稳步发展，该区不断加大宣传力度，积极引导和鼓励具有生产规模、资金实力和专业特长的专业大户，围绕富民产业建立家庭农场。鼓励土地流转向家庭农场等新型农业经营主体倾斜，对符合申报家庭农场的专业大户，开设绿色通道，帮助协调办理相关申报认定、注册登记手续，并对"三证"办理费用实施全免，同时，在种植、养殖上给予技术指导。

同时该区加大对家庭农场的资金支持。不断积极搭建融资平台，今年，与市农业银行、农商银行、邮政储蓄银行建立合作关系，开展"财政惠农信贷通"业务，对发展前景好的家庭农场，通过银行评估最高贷款可放宽至 200 万元，截至目前，全区首批授信贷款发放近 3 000 万元，有效破解了家庭农场发展中遇到的资金瓶颈，帮助他们快速发展。

（资料来源：井冈山报，2014 年 12 月 27 日）

🌳 **案例思考**

家庭农场的产生与发展只是依靠政府扶持吗？

一、制度变迁理论要点

（一）诱致性的制度变迁和强制性的制度变迁

制度变迁本身就是新制度代替旧制度的动态变化过程。制度变迁分为诱致性的制度变迁和强制性的制度变迁。其中，诱致性制度变迁指的一群（个）人在响应由制度不均衡引致的获利机会时所进行的自发性变迁，一般由下而上推动着制度变迁，具有渐进式变化、手段比较温和等特点；强制性制度变迁主要是由政治企业家为弥补制度供给不足而进行，由于统治者的偏好和有界理性、意识形态刚性、官僚机构问题、集团利益冲突、社会科学知识等原因，统治者可能面临政策失败，强制性制度变迁一般是由政府自上而下推动的制度变迁，变化较为激进，手段比较强硬。

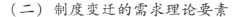

（二）制度变迁的需求理论要素

制度变迁的需求理论的要素包括：第一，制度变迁是由人口对稀缺资源赋予的压力增加所引致的。比如，在欧洲中世纪的成熟时期（公元 1000—1300 年），土地变得稀缺，土地价值上升。由于土地稀缺变得普遍，对限制共有财产使用的压力就会增加。对土地使用更为有效的控制是与更为集约的农业生产体制的采用相联系的，三田制开始替代传统两年一次的轮作制。第二，技术变迁所释放的新的收入流是制度变迁需求的一个重要原因。从新的和更为有效的技术中获取潜在收益，是私人部门的研究与发展以及公共部分对自然资源的探索与发展科学技术的一个强有力的动机。第三，新的收入流的分割所导致的与技术变迁或制度绩效的增进联系的效率收益，这是进行进一步制度变迁的主要原因。

二、家庭农场中制度变迁理论的实践

自 1978 年以来，我国农村生产开始实行土地集体所有基础上的家庭承包经营、统分结合的双层经营体制，生产力得到了大解放。但是随着科学技术的进步、城镇化加快，家庭联产承包责任制在发挥家庭经营优势的同时，也暴露出较多的缺陷。如小规模经营土地分散、耕作面积小、难以使用大规模机械等日益阻碍农业高新科技的推广，阻碍生产力的发展，使得我国传统农户难以适应国内外市场需求，在竞争中无优势可言。与此同时，随着工业化和城镇化的发展，大量农村劳动力涌向城镇，土地抛荒、农民兼业化等现象显现。另一方面，农村中热爱农业，喜好务农的家庭农场等新型农业经营主体应运而生。家庭农场仍以家庭承包经营为基础，但同时具有一定规模，并会有季节性或农忙性雇工。家庭农场的出现正是适应了农业发展的要求，并且它由下而上影响整个农业制度变化，具有渐进性，也比较温和。

在 2013 年，中央一号文件第一次正式提出家庭农场这一概念，提出在农业补贴、农地使用、政策保障、技术帮扶等多个方面给予支持。并且强调家庭农场与专业大户、农民合作社都属于新型农业经营组织，是在原有家庭承包经营体制下的改造与创新。2014 年中央进一步出台《关于引导农村土地经营权有序流转发展农业适度规模经营的意见》，提出稳定完善农村土地承包关系，"三权分置"，并强调要规范引导农村土地有序流转。政策上的支持，是政府为弥补制度供给不足而进行的，这是自上而下地推动家庭农场的产生与发展。

国家的政策支持与客观农业经济发展状态相融合，为家庭农场的产生与发展起到了政策导向和扶持作用。在国家鼓励政策相继出台的两年时间里，各地家庭农场得到飞速发展。

在本节案例中，由于生产力水平的提高，罗泉生家的劳动力可以养殖更多的牲畜，技术的应用可以支撑养殖扩大规模，罗泉生才有了对家庭经营扩大发展的渴望，也就是建立家庭农场，这是当地农业生产力发展到一定水平后出现的现象，属于诱致性制度变迁。同时，国家和地方不断出台的家庭农场等扶持政策，对以罗泉生为代表的农民给予办家庭农场大力引导、支持和帮扶，属于强制性制度变迁。

农业发展需要与政府支持两者结合，使得罗泉生建立了养牛家庭农场，促进收入增加。同时，在案例中也可以发现，政府的支持政策更加全面，力度也逐渐加大，这对家庭农场的发展是极好的契机，未来将会获得更大发展。

🌳 **动动脑**

1. 诱致性制度变迁与强制性制度变迁的区别是什么？
2. 运用制度变迁理论分析家庭农场是如何产生的？

🌳 **链接案例**

看一个家庭农场如何破茧

"砍菜、装筐、搬上车"，记者来到四川省夹江县青州乡"海滨农场"，看到五六十位农民正在忙碌着收获青菜，整车的青菜即将运输到泡菜厂进行深加工。

海滨农场的主人刘海兵说："这一季青菜是订单种植，我今年上半年和泡菜厂签订了 1 000 多亩青菜种植合同。"农场种植的 1 000 多亩小麦长势良好，已经有 20 多厘米高了，300 多亩的大棚里种植的是良种"口口脆"西瓜。

"海滨农场"是四川省乐山市首个种植业家庭农场，农场通过流转方式使土地规模化聚合、脱胎换骨发展成为现代农场。

谁说种地不赚钱？——规模化造就种粮大户

"3 000 多亩土地，一年能赚 60 多万元吧。"刘海兵粗略估算。"年轻人都进陶瓷厂打工了，荒地越来越多，我早就想成立农场了。现在有国家政策支持，发展很顺利。"

今年 45 岁的刘海兵，农民出身，从小就喜欢跟土地打交道。承包土地，搞现代化、规模化的农业经营一直是他的梦想。

20 世纪 90 年代，刘海兵在村里"试水"，承包了十几亩地种水稻，可惜只种了两年就放弃了。"当时的条件不适合集体耕种，一方面国家没有相关政策扶持，另一方面由于地块比较分散、没有连片，效果远没有想象中好。"

在那之后，刘海兵走出乡村，上街卖过水果、经营过茶铺、卖过水泥。但离开土地，刘海兵心里一直不是滋味，承包土地种庄稼的想法让他魂牵梦绕。2008 年，他前往日本东京、大阪等城市考察，关注当地的高质量农产品。"日本没有像我们这样一马平川的平原，多为丘陵山地，农产品却种得很好，有太多值得学习的地方了。"这次考察，让刘海兵摩拳擦掌，跃跃欲试。

2012 年，刘海兵决定回老家，重新回归老本行——种地。

刘海兵的选择，在乡邻看来有点另类，但也有人说他眼光独特。他看中的是，被打工者扔下的大片大片的撂荒地。

夹江县因生产建筑陶瓷而出名，素有"中国西部瓷都"之美誉，全县有陶瓷企业 101 家，年生产能力达 5.5 亿平方米，陶瓷产业集群吸纳了农村劳动力 6 万人以上。即使在车间普工岗位，每月也能拿到 2 500 元以上的工资。年轻人不愿种地，种地的都是留守老人。

"我们承包土地每年折算价钱给农户，农民还可以就地务工，这就解决了谁来种地、怎么种好地的问题。"2012年8月，刘海兵回老家后，和自家兄弟一起承包土地办合作社。两个月期间，他走遍了每一块地，到每家每户去签合同，流转了2 060亩地，成立了佰农源粮食专业合作社，并注册了"佰农源"商标。

2013年年初，中央一号文件提出，鼓励和支持承包土地向专业大户、家庭农场、农民合作社流转。文件出台后，刘海兵眼前一亮。

"把家庭农场做成合作社的窗口和亮点，对于品牌的打造更有效。"考虑到合作社的2 000多亩地本身已经是家庭农场的形式，刘海兵决定，正式去注册一个"家庭农场"。

2013年5月，四川省乐山首家家庭农场——乐山"海滨农场"在夹江县青州乡诞生。从此，刘海兵成为乐山"海滨农场"场主，"这个名称是在工商部门登记注了册的"，他一脸的认真。"当时也是摸着石头过河，其实心里没底。"他不曾想到，凭借以前的底子，农场被列为四川省粮油高产示范区，自己竟成了2013年度全国种粮大户。

怎样种地才有效益？

尝到现代经营模式甜头，一亩水稻人工从11个降到2个。

尝到甜头后，刘海兵一鼓作气往前冲。他花了260多万元，购置收割、烘干、储存等机械化设备。他说："规模化经营省时、省力，降低了生产成本。"

"传统种粮为什么不赚钱？怎么种地才有效益？"刘海兵算了一笔账：按传统种植模式，从育秧到栽插再到收割，一亩水稻至少需要11个人工；而在海滨农场，通过全程机械化耕作，一亩水稻只要两个人工。农户将土地经营权流转给农场，每年能得到每亩800斤粮食的收入，折算成市场价超过1 000元了，还不耽误进陶瓷厂务工。

如今，刘海兵已经成功流转到3 350亩田，涉及全县3个乡镇1 250户农民。在农场流转的3 350亩土地上，常年用工只有8个人。仅此一项，传统种植和现代农业的优劣不言而喻。

农场主成了"职业农民"，获得新型农业经营主体的资格，有了这张"名片"，化肥、薄膜、农药、种子等各种农资都可以集约化采购，从厂家直接进货，减少中间环节，采购成本节约一半。农场去年产出 300 多万斤优质稻，凭借优良品质，掌握了"议价权"，每斤稻谷价格比市场价高出 2 分，仅此一项增加收入 6 万元。

采用带机入股的方式，价值 260 万元的 50 台拖拉机、收割机、插秧机、喷雾器、输送机、抽粮机、播种机等，不仅满足了农场的生产需求，还利用农作物成熟季节的时节差，到绵阳等地跨区作业，实现农机利用最大化。

2014 年，海滨农场流转的 3 000 多亩土地，种植优质水稻和小麦，水稻产量 1 560 吨、小麦 400 吨、油菜籽 30 吨，除去土地流转、种子、农药化肥、农机损耗油费、人工等开支，农场年纯利润 60 多万元。

今年，农场除种植传统作物外，又种植了青菜、早熟西瓜。还计划为常年在农场工作的 8 名员工购买社保，让他们和工厂职工一样退休后有养老保障，这样家庭农场就更有凝聚力了。

怎么种好这些田？

地方政府搭好台，新型主体唱响"我来种田"。

谁来种田？怎样种好田？刘海兵和他的海滨农场，以经营规模化、耕作机械化、品种优质化、农资集约化的种粮实践，回答了困扰当地粮食种植的难题。

"因势利导，政策引领"。乐山市因势利导，出台多种措施鼓励和引导家庭农场发展，搭建全市首家农村综合产权交易中心，建立县、乡、村三级土地流转协调服务平台；制定扶持办法，安排资金扶持奖励；优先安排家庭农场承担高标准农田、农村"五小"水利、农村土地整理、新技术应用推广等项目建设……

刘海兵们正在不断涌现。在政策引领和示范效应下，"我来种田"在乐山市不再是一句空口号。

去年，夹江县当地一户从事粮食加工的农户刘树华看到了种地的希望，他承包 2 000 多亩土地，从事粮油作物种植，打造产业链。2015 年，刘树华开始规划农家乐。如今，刘树华的"华青农场"规模已达到 2 800 亩。

两年来，乐山市家庭农场如雨后春笋。目前，已发展到 500 余家，在工商登记注册的达 221 家，经营土地面积近 6 万亩。全市形成了水稻、油菜籽、小麦、茶叶、蔬菜、葡萄等农作物种植及产品生产销售多元并存的发展格局。

"希望在好的政策指引下，让农业成为一个高效的产业，让农民成为体面的职业，让农村成为美丽家园。"刘海兵对现代农业满怀憧憬。

小账连着大账。截至 2014 年年底，四川省培育种粮大户 1.3 万户、家庭农场 6 267 家、农民合作社 4 万个、龙头企业 8 500 多家，其中农民合作社已覆盖 56% 的行政村，带动 43% 以上的农民增收致富。

（资料来源：人民日报，2015 年 3 月 29 日）

🌳 复习思考题

1. 家庭农场为何能实现农业规模经营？
2. 请简述土地产权理论的主要内容。
3. 家庭农场中如何实现土地"三权分置"？
4. 请简述我国对家庭农场中雇用工的相关规定，并说明其理由。
5. 请运用制度变迁理论解释家庭农场是如何产生的。

第三章
家庭农场的产生与发展

🌳 **本章要点**

1. 了解家庭农场的历史演进；

2. 掌握家庭农场的发展条件；

3. 掌握家庭农场的发展现状；

4. 掌握家庭农场的制约因素。

🌳 **关键词**

家庭农场；历史演进；发展条件；现状；制约因素

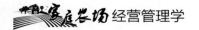

第一节　家庭农场的历史演进与发展条件

案例导入

"星星之火可以燎原"

1987 年中共中央文件《把农村改革引向深入的决议》指出，过小的经营规模会影响农业进一步提高积累水平和技术水平，提出有条件的地区可以兴办适度规模的家庭农场，探索土地集约经营的经验。这是中央明确提出在集体土地上兴办家庭农场。从此，家庭农场开始在上海、苏南等地区的集体土地上出现。

到 20 世纪 90 年代，家庭农场已有较大发展。据孙永正（1996）调查，苏南 3 个试验县（市），即无锡、吴县、常熟市三县（市），到 1993 年，实行土地规模经营的单位共 2 816 个，其中家庭农场 1 977 个，占 72%，其中常熟最多，占 90%。苏州从 1993 年到 1995 年，2 公顷以上的规模经营单位从 2 760 个猛增至 7 000 个，规模经营面积从 1.57 万公顷增至 3.5 万公顷，规模经营面积占全市商品粮田面积的比重从 14.2% 上升到 33.1%，有的县市超过 50%。在各类农场中，家庭农场占绝大多数，其经营面积占全市规模经营面积的 3/4 左右，平均经营规模为 3.4~5.4 公顷。

相关政策出台后，除了苏南地区，上海松江区家庭农场的经营规模（包括经营面积和经营户数）也呈逐年上升但增幅减缓的趋势。经营面积由 2008 年的 0.77 万公顷上升到 2012 年的 0.91 万公顷，增长 18.78%。增幅渐缓主要受限于松江区耕地总面积减少，也受限于农业经营传统，即耕地不仅要为发展家庭农场提供土地，还要为其他不具备家庭农场经营条件但没有进城务工的农民提供土地。经营户数由 2008 年的 708 户上升到 2012 年的 1 206 户，增长 70.34%，但增长趋势减缓。增长趋势渐缓符合经济学中的规模经济，即随着家庭农场户数的不断增加平均到每户农场的经营面积就会逐渐减少，当经营面积减少到一定限度时，这一规模将不会再减少，因为家庭农场只有在一定的规模限度以上才可以获得规模经济效益；如果规模继续减小，家庭农场所具有的规模经济优势将逐渐消失。

（**资料来源**：农业部农村改革试验区办公室．认识与实践的对话——中国农村改革试验十年历程．P88，北京：中国农业出版社，1997；苏州市委农办；松江农业网）

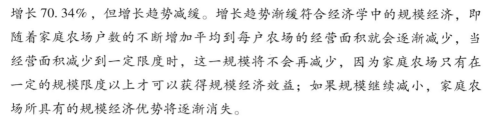 **案例思考**

通过以上案例能否得出我国家庭农场能够规模化快速发展的前提和影响因素都有哪些？

一、我国家庭农场的历史演进

（一）奠基阶段（1949—1978 年）

新中国成立前，农村土地属于地主私有。1949 年新中国成立初期，我国农村通过土地改革，建立起"耕者有其田"的农民个人所有制。广大农民成为土地的主人，实现了生产资料与劳动者的直接结合，小农经济成了主要的经济形式。然而由于当时生产力的极度落后，生产关系不适应生产力，土改后我国进行了合作化道路的探索，最终在农村建立了高度集体化的人民公社制度，其主要特征是生产资料集体所有，共同劳动，按劳分配。此阶段土地改革和合作化运动中的土地产权改革，为家庭农场在中国的产生奠定了制度上的原始基础。

（二）初始阶段（1978—20 世纪 90 年代）

1978 年党的十一届三中全会以后，人民公社"三级所有，队为基础"的经营制度全面解体，"包产到户、包干到户"的家庭联产承包责任制的经营体制确立。这是继土地改革、合作化运动后我国农村土地制度的又一大变迁。在不触动土地集体所有制性质的前提下，让农民从集体土地的大锅饭中释放出来，把土地经营权承包给农民，推动了生产力的发展，提高了农民的生活水平。

从 20 世纪 80 年代开始，随着生产力的发展，农村剩余劳动力越来越多，进而流向城市从事其他行业，这部分劳动力所承包的土地逐渐无人耕种。与此同时，农村中逐渐涌现出一部分热爱农业、会技术、懂管理的"种田农手"和"大户"，他们通过承包和流转土地，以获得更多的土地来耕种和从事规模化农业。这便是家庭农场的雏形。

（三）发展阶段（21 世纪初—2012 年）

进入 21 世纪后，中国一部分地区如浙江、上海、吉林等地，在家庭农场方面的培育方面进行了积极探索。据统计，2003 年在浙江省慈溪市注册登记的家庭农场已超过 50 家；2007 年在上海市松江区被认定的家庭农场已达到 597 家。

2008 年，十七届三中全会后发布《中共中央关于推进农村改革发展若干重大问题的决定》中提出"加强土地承包经营权流转管理和服务，建立健全土地承包经营权流转市场，按照依法自愿有偿原则，允许农民以转包、出租、互换、转让、股份合作等形式流转土地承包经营权，发展多种形式的适度规模经营。有条件的地方可以发展专业大户、家庭农场、农民专业合作社等规模经营主体"，这是家庭农场第一次在中央文件中被提到。2009 年，《农业部关于推进农业经营体制机制创新的意见》中再次提出"促进农户家庭经营采用先进科技和生产手段，增加技术、资本等生产要素投入，支持有条件的地方发展专业大户、家庭农场、农民专业合作社等规模经营主体"。在政策引导下，上海松江、湖北武汉、吉林延边、浙江宁波、安徽郎溪等地积极培育家庭农场，在促进现代农业发展方面发挥了积极作用。据统计，截至 2012 年年底，农业部确定的 33 个农村土地流转规范化管理和服务试点地区，已有家庭农场 6 670 多个。

（四）提升阶段（2013 年至今）

2013 年，中央一号文件将"家庭农场"作为新型生产经营主体正式提出。要求"继续增加农业补贴资金规模，新增补贴向主产区和优势产区集中，向专业大户、家庭农场、农民合作社等新型生产经营主体倾斜"，提出"坚持依法自愿有偿原则，引导农村土地承包经营权有序流转，鼓励和支持承包土地向专业大户、家庭农场、农民合作社流转，发展多种形式的适度规模经营"，并还指出要"创造良好的政策和法律环境，采取奖励补助等多种办法，扶持联户经营、专业大户、家庭农场"，要"充分利用各类培训资源，加大专业大户、家庭农场经营者培训力度，提高他们的生产技能和经营管理水平"。

在中央一号文件的引导和鼓励下，全国范围内开始积极鼓励发展家庭农场。以河南省商丘市为例，据统计，2011 年该市注册的家庭农场仅 1 家，2013 年注册 20 家，增长了 19 倍①。

二、我国家庭农场的发展条件

我国在坚持农村基本经营制度的前提下，发展和培育家庭农场要认清楚发展条件，因势利导。总体而言，家庭农场的发展条件包括以下几个方面。

（一）农业劳动力转移

随着生产力的不断发展，随着工业化和城市化进程的加深，农业劳动力的释放和转移是家庭农场得以形成和发展的首要条件。农业劳动力从农村转移到城市，从农业转移到非农业，家庭联产承包责任制下的这部分劳动力所占有的土地便可能形成土地流转的供给方。另一方面，季节性的农业劳动力转移，为我国家庭农场中季节性雇工提供了劳动力供给。

（二）土地合理有序流转

在家庭联产承包责任制下，推进土地流转是发展家庭农场的决定条件，

---

① 商丘市统计局 . 商丘市家庭农场发展现状、困难与对策 . 河南统计官网，2014。

其前提是土地产权的明晰界定和有效保障，包括农民土地家庭承包经营权的保障和流转后土地经营使用权的保障。没有家庭承包经营权的物权化保障，农民就不愿意也不敢流出土地，以避免土地承包经营权的受损或丧失；没有流转后土地经营权的保障，土地流入主体的家庭农场就难以获得长期、稳定的土地使用权，生产经营就没有可持续性。因此在2014年11月国家颁布的《关于引导农村土地经营权有序流转发展农业适度规模经营的意见》中明确提出，坚持农村土地集体所有，实现所有权、承包权、经营权三权分置，引导土地经营权有序流转，坚持家庭经营的基础性地位，积极培育新型经营主体，发展多种形式的适度规模经营，巩固和完善农村基本经营制度。

（三）农户向新型职业农民转型

家庭农场虽区别于企业，但家庭农场的规模化、集约化、商品化等经营特点，要求家庭农场主必须由传统意义上的农户向新型职业农民转型。作为一种新型农业生产经营主体，家庭农场在激烈的市场竞争中，不仅需要良好的内部管理，还需要良好的外部经营，这就要求家庭农场主不仅要懂技术，还要有文化、有理念、会经营、善管理。一方面，需要家庭农场主自身素质的提高；另一方面则更大程度上有赖于政府或公共组织的培养和引导。

（四）社会化服务体系日渐成熟

农业社会化服务体系是指，在家庭承包经营的基础上，为农业产前、产中、产后各环节提供服务的各类机构和个人所形成的网络。它包括由农业科技服务、农业信息服务、农产品流通服务、农村金融服务等多个子系统组成的相互作用、相互融合的综合体。目前，农业社会化服务体系的发展水平已成为衡量一个国家农业现代化程度的重要标志。在我国，随着农业现代化的不断发展和农业产业结构的优化调整，家庭农场等新型农业经营主体不断涌现，农业对社会化服务的需求也在不断变化。相对而言，社会化服务体系发展也成熟，越有利于家庭农场的产生和发展。

🌳 **动动脑**

1. 20 世纪 80 年代为何我国会产生家庭农场的雏形？

2. 在我国家庭农场的发展条件中，内生条件有哪些？

第二节　家庭农场的发展现状

🌳 **案例导入**

注册潮下　家庭农场有三盼

2013 年 6 月 6 日，寿光出台大力培育家庭农场的实施意见后，家庭农场呈现爆发式增长。截至 2014 年 1 月，在工商局正式登记注册的已达 619 家。但在家庭农场呈现蓬勃生机的同时，却也在人才、资金、用地上面临着诸多的困惑，亟盼解决。

"普通劳动力好找，但既懂现代农业，又懂管理的高学历人才，我们吸引不来。"泰丰以诚家庭农场有限公司负责人王德勇说，园区条件还不完善，哪怕刚毕业的大学生都很难招来。以诚农场占地 400 亩，计划建成一个集生态、休闲旅游和农业科普教育于一体的园区。王德勇认为，现在每月四五千元聘用附近村的"农把式"，虽然技术熟练，但接受新事物的能力差。他更渴望对农业感兴趣的大学生加盟。

天地人家庭农场负责人张乐涛曾是种子经销商，转为育苗后首先面临人才问题。2010 年他高薪从东营大王镇聘请 2 名育苗技术员，同时带着 8 名学徒。一年后，师傅走了，在不断摸索中，这 8 个人都成了小组长。张乐涛说，有稳定的人才，家庭农场才能发展壮大。

寿光嘉隆家庭农场负责人游文松曾用过没有经验的人种大棚，太低的效率让他大伤脑筋。他现在找的是经验丰富的人，月工资 3 500 元，超过一定产量，还有额外分成。同时，游文松让亲戚种一个大棚作为示范棚，以此棚为标准，调动其他员工的积极性。

辰虹家庭农场是华能中药材基地，占地60亩。"养殖的蚯蚓最低收购价是每公斤28元，市场价高于这个价格时，就按市场价卖给华能，1亩地年纯收入约3万元。"该农场负责人范建国说，正在试验用蚯蚓粪种植有机水果，探索生态农业，但农业得两三年甚至更长的时间才见成效。银行贷款一般是一年期，所以资金是个大问题。

王德勇的农业园区预计总投资1 000多万元，已投入600多万元。前期以个人名义贷了款，他觉得银行贷款利率较高，家庭农场要是能享受基准利率就好了。

寿光市政府日前要求，各农村金融机构要积极改进服务方式，探索创新支持家庭农场发展的信贷模式，实施贷款利率优惠，原则上较同信用等级的用户下浮5至10个百分点。但从现实看，这些政策的落实与家庭农场的需求之间还有一定的距离。

"种植大户、养殖大户改建家庭农场，原来的土地不够用，急需扩大规模。"寿光市委农村工作领导小组办公室副主任赵志杰表示，去年，寿光在全省率先实现集体土地所有权全部确权到位，流转土地5.5万亩，为家庭农场发展提供了便利。

但问题是，寿光嘉隆家庭农场既种大棚，又加工蔬菜，车间不够用。想扩建车间，就会超过国家规定的设施用地的比例。游文松只能再流转一块土地，1亩地年租金650公斤麦子，约折合现金1 500元。游文松说："租金保证了农民的口粮，但对我们来说租地成本有点大。"

还有不少农场主反映，农业机械无处存放，想建简易板房，又不符合政策法规。"作为综合性农场，要想吸引人才，必须有一定面积的办公室、宿舍等。这些设施占地面积一多，就与国家规定的硬杠杠相矛盾。"王德勇说。

（资料来源：新农网，2014年4月15日）

🌳 **案例思考**

注册潮下，家庭农场的三盼分别是什么？

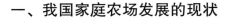

一、我国家庭农场发展的现状

（一）发展速度较快

2013 年 3 月，农业部首次对全国家庭农场发展情况开展了统计调查。调查结果显示，目前我国家庭农场正以较快速度在各地发展。截至 2012 年年底，全国 30 个省、区、市（不含西藏，）共有符合本次统计调查条件的家庭农场 87.7 万个。从 20 世纪 80 年代家庭农场在中国形成至今，已如雨后春笋，在全国各地涌现。

（二）经营内容以种养业为主

截至 2012 年年底，在农业部调查的 87.7 万个家庭农场中，从事种植业的有 40.95 万个，占 46.7%；从事养殖业的有 39.93 万个，占 45.5%；从事种养结合的有 5.26 万个，占 6%；从事其他行业的有 1.56 万个，占 1.8%（见图 3 – 1）。

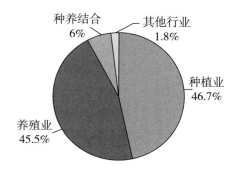

图 3 – 1 2012 年我国家庭农场经营内容结构图

（三）经营规模较大

截至 2012 年年底，家庭农场平均经营规模达到 200.2 亩，是全国承包农户平均经营耕地面积 7.5 亩的约 27 倍。其中，经营规模 50 亩以下的有 48.42 万个，占家庭农场总数的 55.2%；50～100 亩的有 18.98 万个，占 21.6%；100～500 亩的有 17.07 万个，占 19.5%；500～1 000 亩的有 1.58 万个，占 1.8%；1 000 亩以上的有 1.65 万个，占 1.9%（见图 3 – 2）。

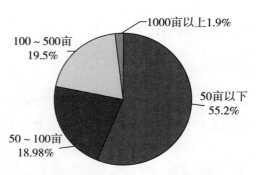

图 3 - 2 2012 年我国家庭农场经营规模结构图

（四）经营收入水平较高

据农业部 2013 年对全国浙江等 3 省 10 县 50 个家庭农场的调查，家庭农场一般都有注册商标，有的还申请为无公害农产品，农产品的价格较高，这就决定了家庭农场的收入水平要高于当地农户的平均水平。2012 年全国家庭农场经营总收入为 1 620 亿元，平均每个家庭农场为 18.47 亿元，是 2011 年全国农户平均家庭经营收入 2.32 万元的近 8 倍。

（五）政策扶持力度大

近年来从中央一号文件到地方政策，均给予家庭农场以较大的政策扶持，较好地促进了家庭农场的发展。2012 年，全国各类扶持家庭农场发展资金总额达到 6.35 亿元。2013 年后国家更是连续出台金融及补贴等具体政策，扶持家庭农场健康发展。如 2014 年 2 月，中国人民银行出台《关于做好家庭农场等新型农业经营主体金融服务的指导意见》，并且明确提出"切实加大对家庭农场等新型农业经营主体的信贷支持力度"，"采取灵活方式确定承贷主体，按照'宜场则场、宜户则户、宜企则企、宜社则社'的原则，简化审贷流程，确保其合理信贷需求得到有效满足"。

二、我国家庭农场发展的制约因素

（一）土地流转不规范

目前，农村土地流转市场发展仍不规范。一方面，土地流转期限短，租金上涨压力大。由于土地确权不到位，农户长期流转的意愿不强，家庭农场难以获得长期稳定的土地经营权，并且土地流转成本过高，因此家庭农场主趋向于减少甚至不会对旨在提高土壤肥力的长期性活动进行投入，短期行为严重，影响农业生产率的提高和可持续性发展。如图 3 - 3 所示，根据农业部 2012 年调查数据显示，在调研的东中西部 6 个县中，除河南省滑县的土地流转期限较长外，其余县的土地流转期限大都在 5 年以内，10 年以上的比例更是很少。由于农业生产的特点是自然生产和经济再生产相互交织，现行的不规范的土地流转不利于家庭农场的长期稳定发展。

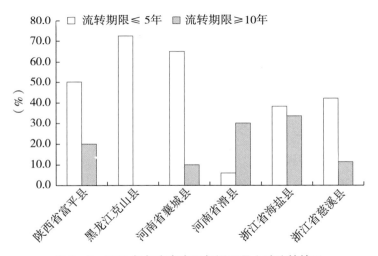

图 3 - 3　2012 年年底东中西部调研县土地流转情况

（二）家庭农场主经营管理能力不强

理论上而言，家庭农场是专业大户的升级版，家庭农场主由专业大户或即农户转型而成。在家庭农场的实际发展中，转型而来的家庭农场主在生产技能、种养殖经验等方面非常娴熟，但在经营管理、市场预测、科技信息等方面的能力却比较欠缺。这与目前家庭农场主的年龄和学历构成等方面息息相关，也体现出培训及教育的亟须性和重要性。如图 3 - 4 和图 3 - 5 所示，根据农业部 2012 年调查数据显示，在调研的东中西部 6 个县中，我国家庭农场主的年龄偏大，大多为 41 ~ 50 岁的人员，有些地方还有 60 岁以上人员，

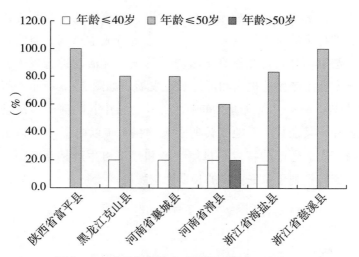

图 3-4　2012 年我国东中西部家庭农场主年龄

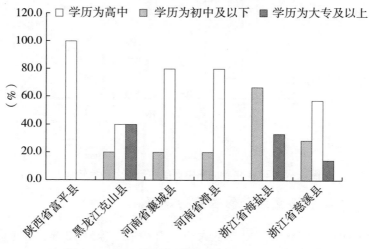

图 3-5　2012 年我国东中西部家庭农场主学历

40 岁以下的比例很少；同时家庭农场主的文化水平偏低，高中和初中及以下比例较大，大专及以上的比例很小。

（三）社会化服务体系有待完善

目前，我国农业社会化服务水平相对较低。乡镇一级机构服务职能较薄弱，服务手段较落后，政府涉农部门、农民专业合作组织和农业龙头企业等各类组织在给家庭农场提供服务时，往往也倾向于把追求自身利益放在首位。据商丘市统计局 2013 年对 32 家家庭农场的统计调查显示，针对家庭农场的社会化服务相对薄弱，只有 30% 的家庭农场得到了农机服务和农村信用贷款方面的服务，22% 的家庭农场得到了农产品推广方面的公共服务，并且有 70% 的家庭农场表示最需要相关政策支持帮助，53% 的家庭农场表示最需要拓展销售渠道方面的帮助，50% 的家庭农场表示最需要提高产品知名度方面的帮助。

（四）多元化发展趋势有待培育

从长远来看，家庭农场的发展应该体现出多元化的特点，即在目前以传统种养业为主要经营范围的同时，应该允许家庭农场在农产品加工、市场咨询、科技服务、观光休闲、科普教育等更广阔的领域拓展。但目前各地在家庭农场的认定标准、登记管理等方面的规定差异不大，在扶持政策方面缺乏一定的创新。相关管理规定千篇一律，具体扶持落实较难等现象滞后家庭农场的个性化和多元化发展。

🌳 **动动脑**

1. 我国家庭农场的发展现状如何？
2. 我国家庭农场发展的制约因素有哪些？

🌳 **链接案例**

一家庭农场主的烦恼：4 年 70 万元没见一分回头钱

他的希望——荒山变成桃园

2015 年 4 月 19 日，费县马庄镇大井头村西的山坡上，大片的桃花开得正好。这个时候，别的地方桃花都谢得差不多了，但因山里气温相对低一些，这儿的桃花还在盛放期。

48 岁的张庆修，做家庭农场主前，一直在江浙一带做建筑模板生意，现在像个地道的农民一样，在桃树间察看桃树长势。这片栽满桃树的山坡，4 年前还多是长着半人高杂草的荒地。

2011 年，偶然的一次机会，回村的他发现村里的山地都荒着长草，利用率连一半都不到。

当年开始，张庆修从村集体流转了 150 亩土地，先雇挖掘机将山坡上的杂草清理掉，又请人修整了山地。"现在看到一块块平整的地，当时都是雇人一铁锹一铁锹修整起来的。"张庆修说，山上大部分是石头，这也是为什么没有人承包，一直荒废的主要原因。

"当时想能把荒山修出来，种上果树，哪怕一棵树一年能创造 50 元钱的效益，那也将是一笔了不得的收益。"张庆修对这个农场也曾充满憧憬，他觉得栽种的金雀脆桃商品价值非常高，一定能有好的收益。

2013 年的中央一号文件提出了家庭农场的概念，这让张庆修信心更足了。2014 年 12 月 26 日，他注册了家庭农场。"哪怕从年头到年尾都待在园子里，苦点累点，我都希望能开发成功。"张庆修说，家庭农场是国家提倡的，依托好政策，农场应该会有好的发展。

他的投资——4 年 70 多万元，收益是 0

"现在这个山坡，除了桃树，看不到值钱的东西，但我却把整个家底都搭了进去。"张庆修说，为了这片"不毛之地"能生钱，他已投资了 70 多万元，包括土地流转花掉 40 多万元，开垦、修整、翻地等花掉近 10 万元，培育苗木、栽植管理花费 10 余万元。

"还忘了这路。"张庆修用脚踩了两下脚底下硬化的路面说，祖辈都知道要想富先修路的道理，2013 年，他投资 15 万元，硬修了一条长 1.5 公里、宽 3 米的路，直通山上。

张庆修说，这些钱，一部分是积蓄，一部分是银行贷款。"4 年时间，一直在投资，却没见到一分回头钱。到现在，4 年前的 2 万多元的人工费还欠着。"张庆修说，尽管没见到收益，但他还是坚定地看到了蕴含在农场中的希望。

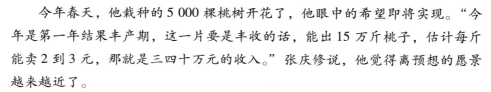

今年春天，他栽种的 5 000 棵桃树开花了，他眼中的希望即将实现。"今年是第一年结果丰产期，这一片要是丰收的话，能出 15 万斤桃子，估计每斤能卖 2 到 3 元，那就是三四十万元的收入。"张庆修说，他觉得离预想的愿景越来越近了。

他的心声——钱不够用，技术跟不上

"很多人知道家庭农场是国家提倡的项目，能看到其中的希望。但实际操作起来，困难重重。"张庆修说，看到山坡上开的桃花，他是喜忧参半。

目前，摆在张庆修眼前的是，要找水浇灌桃树。"种果树不是种庄稼，靠天吃饭是不现实的，得尽快打一眼井，把水架上。"张庆修说，果子膨大期时，一棵树每天晚上的需水量就得几十公斤。但山地水层深，打井困难，关键是打井的 20 多万元费用让他犯了难。

"一开始是自己的积蓄，后来跟亲戚朋友借钱，再后来是贷款。4 年时间，园子一直不见效益，很多人都持怀疑态度。"张庆修说，他想尽办法四下淘钱，就怕资金链一断，农场经营僵化，停滞不前。

除了资金问题，技术和销售信息、销售渠道也让张庆修犯了愁，他知道国家支持发展家庭农场，更希望能得到政策扶持。

"虽然果树种植需要一定的技术和经验积累，但还是希望更高技术层面的专家教授能给予我指导。"张庆修说，如果前期资金到位，技术跟上了，后期的销售问题也是要考虑的，但他所在地区偏僻，信息获取的条件差，有时候一样好的产品，在山里头不一定能卖得出去。

对于果品销售，张庆修尽管犯难，但还是信心十足。他认为，只要培育出的是高质量的果品，达到绿色环保无公害，不愁没销路。"毕竟水果这个东西，只要有人类存在，它的市场潜力就是非常巨大的。"张庆修信心满满。

整体现状——家庭农场多数日子不好过，蹒跚起步还需政府拉一把

20 日，记者从临沂市工商局得知，目前，全市以"家庭农场"字样注册的企业约有 1 000 家。

据媒体报道，2013 年中央一号文件首次提出"家庭农场"的概念，受到政策的鼓励，在短短一个多月时间里，临沂市注册诞生了 20 家"家庭农场"。

但根据市农业部门工作人员调研情况来看，多数农场日子并非想象中那样美好。家庭农场刚刚起步，它的发展壮大还面临着资金、技术和销售渠道等诸多制约因素。

发展瓶颈——农场收益时间跨度长

张庆修 4 年时间，投资 70 多万元没见到回头钱。对此类开发土地栽种经济果木的收益问题，记者采访了临沂市农业局相关工作人员。

"栽种果木类的家庭农场，从开发土地、栽种果树到最后的收益，时间跨度比较长。这个过程，资金是关键，基本上是一直投资，短期见不到回头钱。"该工作人员说。

解决之道——农业部门正专项调研力求，填补政策空白

"各级出台了一些关于家庭农场的文件，但具体的实施细则，正在探索中。"临沂市农业局相关工作人员说，家庭农场是一个较新的概念，他们正在各个农场做前期调研，了解家庭农场成功经验和存在的困境，力求填补政策空白。

该工作人员说，确实有一些家庭农场受困于资金、技术和销售渠道等问题。根据初步调研情况来看，临沂的千余家庭农场，遇到这些困境的不在少数。

在具体实施细则出台前，这位工作人员建议，面临资金方面的困境，找银行贷款是个解决办法；技术方面，可以与当地的农业部门联系，农业部门的专家会给予帮助；销售渠道方面，更多的还是靠自己寻找出路，借助网络等渠道宣传，也是不错的选择。

（资料来源：鲁南商报，2015 年 4 月 21 日）

🌳 **复习思考题**

1. 请简述我国家庭农场演进的主要历史阶段。
2. 请简述我国家庭农场发展的条件。
3. 请简述我国家庭农场发展的现状与制约因素。

第四章
国内外家庭农场模式与经验

本章要点

1. 我国家庭农场的发展模式与特点；

2. 我国家庭农场发展的经验；

3. 国外家庭农场的发展模式与特点；

4. 国外家庭农场发展的经验。

关键词

国内家庭农场；国外家庭农场；模式；经验

第一节 国内家庭农场主要模式与经验

🌳 **案例导入**

湖北省秭归县九畹溪镇香椿家庭农场主的家乡创业梦

2012 年，第一批 50 亩投产；2013 年，100 亩投产；2014 年，300 亩投产。

2009 年 6 月，陈叶华开始了他的香椿种植之旅。在炎炎烈日下，他先是利用自己家和亲戚家的承包土地，整地、修水池，为香椿树苗定植做准备。11 月下旬，他从十堰买回 10 万株香椿苗，仅仅用了一个星期就定植完毕。

仅半年时间，香椿有了动静，他看着满园红红的香椿嫩芽，一种成就感油然而生。然而高兴的事在后面，他第一次把 100 斤左右新鲜的香椿芽拿到市场上，被一抢而光，那别提多高兴了，第一年他尝到了甜头，15 亩地就有 2 万多元的利润。他决定把规模扩大，开始了流转土地、育苗，他在九畹溪村一口气流转了将近 300 亩土地，里面有 220 多亩荒地，他花了 10 万多元才开垦出来。

2014 年，300 多亩全部投产。通过努力和奋斗，迎来了丰收和喜悦，他的香椿园共生产椿芽 6.0 万斤，销售鲜芽 4.5 万斤，制干菜 2 500 斤，干菜也没有库存，实现销售收入 100 万元，这种销售形势让他意想不到。刚开始担心秭归市场吃不下这么多鲜芽和干货，结果却是供不应求，大大超出了他的预期效果，再次证明他的选择是正确的！2013 年他成立了秭归县九畹溪镇瀚墨红油香椿家庭农场。

经营农场这几年来，县、镇两级人民政府和县直林业、农业等多个部门对香椿产业发展投入了政策倾斜和项目支持，县、镇、村各级领导对他的产业发展给予了很多支持、关心和帮助。虽然当前农场才初具规模，但香椿专业种植技术、市场销路、土地资源、人力资源、交通运输以及综合管理等已经具备更大规模发展香椿种植的基本条件。自 2011 年开始，他每年支付土地流转费近 10 万元，带动 50 多个劳动力就业，付给劳务费 20 万元。还摸索到了一条规模发展、集中经营、共同富裕的农业产业发展之路。他也从中尝到了甜头，看到了希望，准备甩开膀子大干一场，九畹溪江边有 300 亩荒地正在洽谈中。他常说：有上级政策支持，有周围乡亲帮助，有他的经验和信心，九畹香椿这个产业一定会做大做强。更重要的是不但能带动父老乡亲共同致富，还能实现一直以来的家乡创业梦想。

（资料来源：中国农经信息网，2015 年 3 月 14 日）

🌳 **案例思考**

陈叶华家庭农场有哪些特点？

近年来，我国劳动力转移与土地流转速度不断加快，为家庭农场的发展创造了客观条件。在各级政府的引导与支持下，家庭农场数量保持较快增长，规模化经营趋势明显。如第二章所述，2013 年 3 月，农业部首次对全国家庭农场发展情况开展了统计调查。调查结果显示，目前我国家庭农场开始起步，表现出了较高的专业化和规模化水平。根据我国农业地理特点以及家庭农场的发展状况，将我国的家庭农场主要分为四个模式：东北模式、华北模式、南方模式、西北模式。

一、东北模式

家庭农场东北模式主要包括黑龙江、吉林、辽宁三省（见图 4-1）。

东北地区是我国重要的粮食产区，其农业生产不仅历史悠久，而且地位突出。东北地区在其独特的自然禀赋条件下，依托传统农业的优势，培育了具有鲜明特点的特色农业（见表 4-1）。

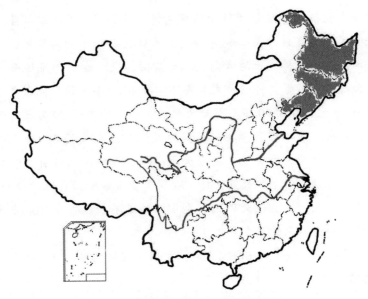

图4-1 家庭农场东北模式分布图

表4-1 东北地区农业生产区域

农业生产区域	主要分布地区	主要产品类型
耕作农业区	平原地区，包括松嫩平原、三江平原和辽河平原	玉米、大豆、小麦、水稻
林业和特产区	大小兴安岭和长白山区	兴安落叶松、樟子松、红松、蒙古栎、人参、鹿茸、柞蚕、苹果
畜牧业区	西部高原、松嫩平原西部及林区草地	三河牛、三河马、东北红牛

东北模式的家庭农场具有以下三大特点。

（一）经营规模较大

规模化经营是家庭农场的主要特征之一，而"大规模化经营"在东北地区得到了实现。东北平原是我国最大的商品粮基地和林业基地，具有"山环水绕、沃野千里"之称。东北地区现有耕地面积近2 000万公顷，占全国耕地面积的19.7%。

中国统计年鉴显示，2013 年各省家庭农场土地规模排名中，东北地区的黑龙江（28.6 公顷）和吉林（15 公顷）分别位居第一、第二。

黑龙江省是我国最大的商品粮生产基地，耕地面积 1 183 万公顷，居全国首位，农村人均耕地面积 11.18 亩，是全国平均人均耕地面积的 8 倍，土质肥沃，对于家庭农场开展规模经营具有先天的优势（见表 4 - 2）。

表 4 - 2　2013 年部分省市家庭农场规模情况

省份	耕地面积/万公顷	农民人口/万人	家庭农场土地规模/公顷
山西省	405.58	1 808	6.67
湖北省	466.41	2 774	6.67
河南省	792.64	5 579	6.67
安徽省	573.02	3 294	13.34
广西壮族自治区	421.75	2 703	6.67
四川省	594.74	4 683	3.34
吉林省	553.46	1 281	15
江苏省	476.51	3 010	3.34
山东省	75.15	4 727	6.67
天津市	44.11	264	6.67
重庆市	223.59	1 313	6.67
黑龙江省	1 183.01	1 668	28.6

数据来源：中国统计年鉴 2012。

（二）机械化水平高

家庭农场扩大土地经营规模后，耕作任务重，劳动强度大，农事季节紧，自然灾害风险大，它对农业机械的需求显得更为迫切。

东北地区作为我国重要的老工业基地和粮食生产基地，其农业综合生产力水平和农业机械化水平在全国处于领先地位。雄厚的工业基础和先天的农业资源优势为家庭农场的机械化、规模化、标准化生产提供了保障。以黑龙江为例，如表 4 - 3 所示，黑龙江省 2005 年耕种收机械化水平高达 83%，约为全国平均水平的 2 倍。

表 4 - 3   2008 年全国耕种收综合机械化水平排序（前 15 名）

排名	地区	耕种收综合机械化水平%	排名	地区	耕种收综合机械化水平%	排名	地区	耕种收综合机械化水平%
1	黑龙江	83.49	6	河北	61.23	11	河南	54.09
2	新疆	77.48	7	江苏	61.02	12	西藏	54.01
3	天津	74.99	8	辽宁	60.70	13	吉林	51.19
4	山东	72.17	9	安徽	57.40	14	全国	45.85
5	内蒙古	64.66	10	上海	54.13	15	陕西	45.50

资料来源：根据农业部机械化管理司《2008 年全国农业机械化统计年报》计算。

（三）发展边境贸易

东北地区东部与朝鲜接壤，北部与蒙古与俄罗斯相邻，与日本和韩国隔海相望，具有发展边境贸易的地缘优势。家庭农场虽定位于生产环节，没有直接参与到边境贸易中，但在龙头企业等的带领下，通过为龙头企业提供优质的原材料或食材，参与到边境贸易的产业链环节中，并从中实现农产品增值，家庭农场增收。

黑龙江北大荒农垦集团总公司的前身是黑龙江农垦系统，创立于1948 年，1968 年成立组建黑龙江生产建设兵团时期发展壮大。1998 年 3月，经国务院批准，成立黑龙江北大荒农垦集团总公司，组建北大荒集团，同时，集团列入全国 120 家大型企业集团试点行列。由于地处东北亚大通道，集团具有发展边境贸易的地缘优势。目前，围绕主导产业和产品培育龙头企业 76 个，其中重点龙头企业管理覆盖家庭农场 21.1 万户。农畜产品原料基地为龙头企业提供原料粮豆 132 万吨、糖料 105 万吨、鲜奶粉 5.8 万吨、肉类万吨，总产值 33.9 亿元，占集团农业总产值的 21.0%。

（资料来源：黑龙江北大荒农垦集团总公司官网）

二、华北模式

家庭农场华北模式包括北京和天津两个直辖市，以及河北、山西、山东和河南四个省（见图4-2）。

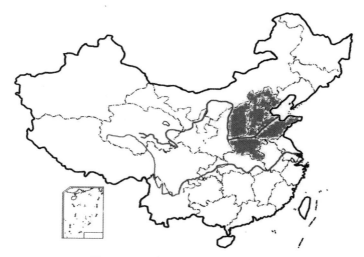

图4-2　家庭农场华北模式分布图

华北地区主要地处太行山脉、华北平原地带。地势平坦，光热充足，雨热同期，土壤肥沃，交通便利，农业历史悠久，生产经验丰富，交通便利。

华北模式的家庭农场具有以下三大特点：

（一）特色化经营

1. 山东省——全国"大菜园"

山东省蔬菜生产自然条件优越、品种资源丰富，素有"世界三大菜园"之称。目前，该省蔬菜生产基本实现了由以城郊生产为主到以建设农区大基地生产为主，由以秋菜生产为主到以冬春菜生产为主，由以大路菜生产为主到以精细菜生产为主，由以省内消费为主到以供应省外和出口为主的转变，并因其量大质优而逐步确立了全国"大菜园"的地位。目前该省蔬菜有 100 多个种类，3 000 多个品种，70% 以上销往省外，出口量占全国的 1/3。2013 年，全省蔬菜种植面积达 1 832.9 千公顷，总产 9 658.2 万吨。"曲阜香稻、章丘大葱、莱芜生姜、胶州白菜、潍坊萝卜"等作为山东省的蔬菜品牌远近闻名。在此基础上，山东省的菜农纷纷建立起蔬菜家庭农场。

2012 年，赵尊峰在距离家乡 200 多公里的沂蒙山区临沂市沂南县双堠镇梭庄村流转土地 107 亩，建立 20 个冬暖大棚和 8 个大拱棚，成立了家庭农场。赵尊峰的下一步计划是建立蔬菜批发市场，把家庭农场做大，把品牌打响，带动当地农民发展越冬蔬菜，实现农民增收。

今年 41 岁的赵尊峰是蔬菜之乡山东潍坊寿光市的种植丝瓜能手。2012 年，他在距离家乡 200 多公里的沂蒙山区临沂市沂南县双堠镇梭庄村流转土地 107 亩，建立 20 个冬暖大棚和 8 个大拱棚，成立了家庭农场。为更好地打理农场，他从梭庄村招来 35 名工人，手把手教蔬菜管理技术。3 月上旬，丝瓜开始采摘上市。因为赵尊峰的瓜条顺直，颜色翠绿，口感香嫩，被客户当场签约全部包销，进入苏杭等地酒店超市，经济效益十分可观。

赵尊峰的下一步计划是建立蔬菜批发市场，把家庭农场做大，把品牌打响，带动当地农民发展越冬蔬菜，实现农民增收。

（**资料来源**：山东潍坊寿光市菜农成立家庭农场. 新华网，2014 年 9 月）

2. 河南省——中国粮仓

河南是农业大省，粮棉油等主要农产品产量均居全国前列，是全国重要的优质农产品生产基地。2014 年河南省粮食产量实现"十一连增"，全省粮食总产量达到 1 154.46 亿斤，连续四年超过 1 100 亿斤，占全国总产量的 9.5%。河南农民用全国 1/16 的耕地，生产出全国 1/4 的小麦、1/10 的粮食，不仅解决了本省近 1 亿人的吃饭问题，每年还往省外调出 200 多亿斤商品原粮和粮食制成品，形成了"中国粮仓"。在此基础上，河南省的粮食类家庭农场比重较大。

据国家统计局河南调查总队 2014 年发布的《河南家庭农场经营状况典型调查分析》统计，从河南省家庭农场的成本收益率看，纯粮食、以粮食为主、经济作物或养殖三类农场的收益率分别为 40.1%、41.2% 和 53.2%。多数农场主倾向于经营以粮食为主、兼营其他类农场，纯粮食类次之，经济作物或养殖类最少。尽管经济作物或养殖类农场经济收益最高，但由于其资金投入多、人力技术要求高、管理难度大，限制了不少农场主的选择；另外，由于种粮补贴政策的保障、粮价的不断上涨、资金的投入相对较小，种粮省时省力等，多数处于起步阶段的农场主愿意种植粮食作物。

（**资料来源**：河南家庭农场经营状况发布. 洛阳网，2014 年 9 月）

（二）合作性较强

如图 4 - 3 所示，在京津冀一体化发展中，河北定位于资源型区域，北京定位于知识性区域，天津定位于加工型区域。河北作为北京的畿辅之地，在北京、天津的农产品供应保障方面起着至关重要的作用。北京的农产品自给率不足 20%，据统计，每年有 300 万吨河北农产品进入北京市场，北京市场

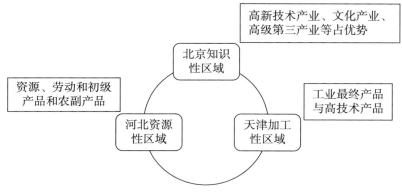

图 4 - 3 京津冀一体化区域定位图

上的羊肉有80%来自河北易县、唐县，并且河北农产品进入北京的数量还在逐年上升。因此，在京津冀一体化背景下，华北模式的家庭农场会体现出较强的合作性。一方面，从家庭农场的经营内容来看，北京、天津的家庭农场将逐步由传统种植向休闲农业、设施农业等拓展，另一方面，河北的家庭农场在以蔬菜生产和粮食种植为主的基础上，将通过龙头企业或农民专业合作社的带领，积极融入到京津冀一体化发展中。

按照农业部的要求，农业服务于京津冀协同发展战略，将加快建设京津都市现代农业圈。这"圈"包括京津两市和河北廊坊市、保定市北部、唐山市西部，区域耕地2 000多万亩，人口4 000多万。

2014年4月，北京观光休闲农业行业协会与天津市休闲农业协会率先签署了合作框架协议，至8月5日京津冀旅游协同发展第二次工作会议已经召开。据悉，三地将进一步促进休闲观光农业资源优势互补，共同推出"京津冀休闲农业与乡村旅游"精品线路，实现市场、信息、资源、线路共享。

"天津的农业基础条件好、科技创新能力强、财政支农投入力度比较大、农业企业化和市场化程度比较高，可以大力发展农业高新技术产业。在科技创新上，京津两地科技力量密集，国家科研单位高端人才、先进科研装备聚集，有条件通过高科技来引领现代农业发展。"在采访中天津市农委副巡视员毛科军如是说。

（资料来源：渤海湾畔新农路——京津冀协同发展下的天津现代都市型农业. 农民日报，2014年9月）

三、南方模式

家庭农场的南方模式包括江苏、浙江、福建、广东、安徽、江西、湖南、湖北、四川、重庆、贵州、广西、云南、海南十四个省市自治区（见图4-4）。

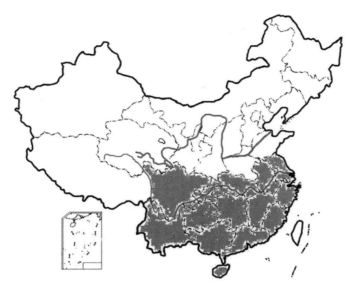

图4-4 家庭农场南方模式分布图

南方作为我国农业生产的发源地，其农业生产条件具有优良的自然禀赋。江淮地区梅雨适时适量，有利于水稻生长；长江中下游平原、珠江三角洲地势低平、土壤肥沃，河汊纵横，既灌溉便利，也利于发展淡水养殖；四川盆地紫色土肥沃；横断山区，森林资源丰富，树种多，人类影响小，利于发展林业生产；长江流域农业生产历史悠久，生产水平高，自古以来是我国农业发达基地，交通便利，市场需求量大，为家庭农场的发展提供先天优势。

南方模式的家庭农场具有以下三大特点。

（一）土地流转快

党的十八大报告和2013年的中央一号文件均提出"用5年时间基本完成农村土地承包经营权确权、登记、颁证工作，妥善解决农户承包地块面积不准等问题"。在全国33个土地流转试点中，南方城市或地区就占了16个，约为50%。从2011年我国土地流转情况看，土地流转率排名前四梯队的10个城市中，南方城市占据8个（见表4-4）。

表4－4　2013年农村土地承包经营权流转规范化管理和服务试点地区

地区	数量（个）	省份
南方地区	16	湖南湘乡市、广东高要市、广西壮族自治区富川县、海南东方市、上海市松江区、四川省安县、江苏省太仓市、江苏省东海县、重庆市大足区、浙江省平湖市、贵州省息烽县、云南省开远市、福建省沙县、江西省渝水区、湖北武汉市、安徽金安区
华北地区	6	北京市平谷区、河北省肃宁县、天津市静海县、山西新绛县、山东胶州市、河南省罗山县
东北地区	6	辽宁海城市、吉林省延边州、吉林省公主岭市、黑龙江省海伦市克山县
西北地区	4	内蒙古自治区扎鲁特旗、陕西高陵县、甘肃省宁县、青海省互助县、宁夏回族自治区平罗县、新疆玛纳斯县

资料来源：家庭农场全国共设33个试点地区. 到农村去网，2013年9月4日。

　　土地合理有序流转是家庭农场发展的必要前提，较高的土地流转率促进着南方模式家庭农场的快速发展（见表4－5）。

表4－5　2011年我国土地流转情况

梯队	城市	流转率	城市	流转率	城市	流转率	城市	流转率
第一	上海	59.30	北京	46.30				
第二	浙江	38.90	重庆	36.20	江苏	34.20		
第三	湖南	21.40						
第四	湖北	14.60	安徽	14.20	江西	13.76	河南	13.99

资料来源：王先菊. 河南省家庭农场发展研究. 中国农业资源与区划，2014年10月，第35卷第五期。

（二）劳动力素质较高

　　总体来看，南方模式家庭农场从业人员的总体素质相对较高。与传统的家庭承包经营户相比，家庭农场从业人员年龄结构优化，学历较高，分工协作能力强，经营管理理念较新。这些较高素质的农场主，经营方式灵活，有一定的资金基础和从事种养业的技术、经验，擅长管理。他们专心发展农业生产，家庭农场在土地、资金和技术等要素使用上规模化和集约化水平更高，在采取先进技术、使用优质资源、建立农产品质量安全体系等方面都具备明显优势。

根据浙江省慈溪市农业局统计，家庭农场主40岁以下的占60%以上，高中及大专及以上学历占到约50%。年轻大学生、优秀的农产品营销经纪人等纷纷加入家庭农场主的行列（见表4-6）。

表4-6 30个家庭农场从业人员基本特征

分类	类别	数量	百分比
性别	男	101	55.2
	女	82	44.8
年龄	35岁以下	34	18.6
	36~60岁	116	63.4
	60岁以上	33	18.0
婚姻	有配偶	163	89.1
	无配偶	20	10.9
学历	文盲	5	2.7
	小学	33	18.0
	初中	56	30.6
	高中、大专及以上	89	48.6

资料来源：曾宪堂邓学平欠发达丘陵地区家庭农场发展之路——四川南充家庭农场的调查与思考. 南方农场，2014年第1期

（三）政策支持力度较大

从2007年起，我国开始在包括上海松江区、湖北武汉、安徽郎溪、浙江宁波等在内的南方地区以及辽宁延边五地区积极开展家庭农场的试点。在试点发展期间，各地政府积极响应中央号召，从多方面出台对家庭农场的扶持政策，有力地推动了家庭农场的大力和良好发展。

以上海松江区为例，该区从土地流转、准入考核机制、社会化服务、政府补贴和政府监督等方面，逐步出台了多项政策，促使上海松江家庭农场在

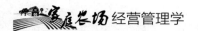

全国有声有色的迅速发展（见表4－7）。

表4－7　上海松江区家庭农场相关政策一览

政策划分	政策内容
土地流转	（1）区、镇农业和农经部门加强土地流转管理、指导和服务，规范土地流转行为，制定市统一的流转合同文本，在《松江区农用土地管理平台》上进行公示。 （2）制定土地流转补贴政策。对土地流出方全区统一补贴每亩价值500斤稻谷流转费，对流入家庭农场给200元/亩的土地流转费补贴。 （3）推进实施老年农民退养补助制度。达到男60岁、女55岁年龄的老年农民自愿退出承包地的，在原来养老金基础上再增加150元/月的养老补助金。
准入考核机制	（1）家庭农场经营者必须是本村农户家庭，年龄男性在25～60周岁，女性在25～55周岁，具备相应的生产经营能力和一定的农业生产经验，能熟练使用农机具。 （2）公开透明选拔。在农民自愿提出经营申请的基础上，家庭农场经营者由村主要领导、村民议事会民主评定，择优选择。 （3）建立考核机制。由镇村两级共同对家庭农场主进行考核，专业考核与民意考核相结合，新进家庭农场经营者试用一年，年度考核不合格者终止其家庭农场经营者资格。 （4）实施考核奖励机制。组织开展各类生产竞赛活动，对优秀经营者给予奖励。
农业社会化服务	（1）种子、农药、化肥等农资实行配送供应服务；家庭农场的水稻生产从播种到收割全程机械化，生产过程全部流程化、标准化。 （2）粮食烘干设备全部由区财政统一投入，农民免费烘干；组织粮食购销部门和加工经销企业对"家庭农场"实施订单生产或直接上门收购服务；家庭农场的生猪饲养由松林养猪合作社统一提供苗猪、统一供料、统一管理、统一收购、统一结算，区镇兽医部门提供全方位技术服务，农场代养，设立代养考核指标，农场主们只需要严格执行各项制度，认真管理就可以了。 （3）区农委为每个家庭农场配送手机，提供气象、市场等信息服务。
政府补贴	（1）种粮补贴。向种植水稻的农场提供每亩200元的流转费补贴，家庭农场购买农机的补贴最高占到农机售价的70%，对机农结合型家庭农场每亩地提供40元油费补贴。有机肥使用补贴10元/亩，贷款贴息和保险补贴由区财政承担。加上农资补贴76元/亩，水稻种植补贴150元/亩等，种一亩水稻政府现金补贴近500元，财政补贴占家庭农场净收入的3/5。 （2）家庭农场生产基础设施均由镇村投资建设。

（续表）

政策划分	政策内容
政府监督管理	（1）对全区 1236 家家庭农场由松江区农业委员会颁发《家庭农场登记证》，内有基本情况、培训情况、考核记录、变更记录等。 （2）为家庭农场主量身打造"新年培训和增收计划"，大力开展职业农民培训，国家职业资格培训和创业农民培训，劳动者素质的提高为家庭农场的发展提供了人力资源。2013 年分别有 167 名和 800 多名专业农民获得国家职业资格高级、中级证书。家庭农场主普遍懂农技、农机，会管理。

资料来源：上海松江家庭农场考察报告. 中国农经信息网，2014 年 5 月 13 日

四、西北模式

家庭农场的西北模式包括陕西、宁夏、甘肃、内蒙古、新疆、青海、西藏七个省市自治区（见图 4 –5）。

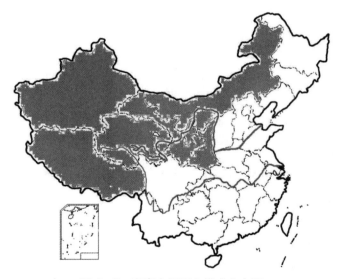

图 4 –5　家庭农场西北模式分布图

西北是我国粮食生产的战略后备区和畜牧业生产主产区，其良好的土地资源和得天独厚的光热资源，以及丰富的秸秆资源和种草潜力为农牧业发展提供了有利的基础条件和地理环境容量。

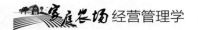

西北模式的家庭农场具有以下两大特点。

（一）以规模化林牧业为主

西北地区地广人稀，是我国重要的牧区。东部为温带草原牧场，西部为山地牧场，有利于畜牧业的发展；此外，山前冲积平原和一些河谷平原地势平坦、土壤肥沃，还适于种植业的发展。如图 4-6 所示，据内蒙古农牧厅农牧业管理站统计数据显示，2013 年在调研的 14 583 个家庭农场中，经营土地面积在 200 亩以上的约占 56.4%，200~500 亩的约占 26.65%，500~1 000亩的约占 11.1%。

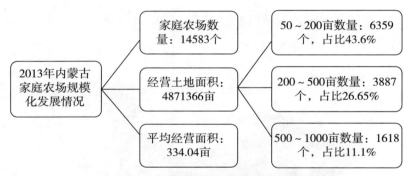

图 4-6　2013 年内蒙古家庭农场规模化发展概况
资料来源：内蒙古农牧厅农牧业管理站统计数据

内蒙古巴彦淖尔的农场主胡波是杭后团结镇联合村农民，一家 5 口人（父母、夫妻俩和孩子），4 个劳动力承包耕地 30 亩。2010 年以转包形式流转土地 120 亩，涉及 5 户农民，流转期限 20 年，流转费用 150 元/亩·年，支付方式为一年一付，承包均已签订规范的书面合同。通过流转整合土地，购进 904 型拖拉机、激光平地机、耕地犁、圆盘耙等大中型农业机械，胡波开始了规模化机械化种植经营。2012 年年初又新建养殖场 7 亩，其中圈舍 600 平方米、采光棚 700 平方米、草料库房 200 平方米。养殖基础母羊 150 只。搞起了种养结合的规模经营，实现了种养一体化的良性循环。去年种植小麦 30 亩，玉米 50 亩，葵花 70 亩，种植业

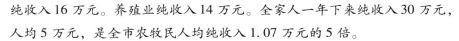

纯收入 16 万元。养殖业纯收入 14 万元。全家人一年下来纯收入 30 万元，人均 5 万元，是全市农牧民人均纯收入 1.07 万元的 5 倍。

（**资料来源：**巴彦淖尔日报，2013 年 7 月 2 日）

（二）节水农业凸显重要

西北地区特定的自然环境和水资源条件，决定了水在其经济社会发展、生态环境建设中的极端重要性。发展节水农业是西北地区农业和经济社会可持续性发展的重要保证。由此，在西北模式中的家庭农场，节水农业的发展凸显重要。

一般而言，工程技术节水包括：修建水利工程，对现有灌区工程进行技术改造和配套建设；加强渠道防渗衬砌；铺设低压水管道输水；平整土地，沟畦改造，改进地面灌水技术；推广应用喷灌、滴管、微灌、膜上灌、膜下灌水节水新技术。农艺节水技术包括：耕作保墒结束技术、地面覆盖技术、水肥耦合技术、设施农业节水技术、化学节水技术、利用生物技术改良或培育节水抗旱作物品种。

宁夏：打造西北干旱区特色高效节水农业示范区

10 月 15 日，记者从宁夏回族自治区新闻办召开的全区高效节水灌溉情况通报会上了解到，截至目前，我区累计发展高效节水灌溉 165 万亩，预计到 2017 年灌溉面积达到 300 万亩，到 2020 年达到 400 万亩。自流灌区、扬水灌区和库井灌区高效节水灌溉面积分别占到 40%、70%、90%，灌溉利用系数提高到 0.53，年可节水 5.7 亿立方米，真正地打造西北干旱区特色高效节水农业示范区。

近年来，面对严峻的水资源形势，我区以农业节水为重点，通过"加快面上田间节水，加大线上渠系节水，发展片上设施节水"，不断强化工程、农艺、管理等措施，初步构建起全区农业综合节水体系。全区有效灌溉面积由 783 万亩增加到 872 万亩，实现了灌溉面积逐年增加、农业用水量逐年下降的目标。

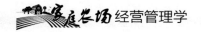

今年，我区将加快灌区节水改造工程建设，以中部干旱带和贺兰山东麓为重点，兼顾自流灌区和南部山区，示范推广以色列滴灌及水肥一体化等先进技术，鼓励支持家庭农场、农民合作组织和土地流转企业等新型经营主体连片发展高效节水灌溉。重点支持玉米、马铃薯等粮食作物和葡萄、枸杞等特色经济作物，尤其在扬黄灌区大田作物上取得突破。

（**资料来源：**宁夏新闻网，2014 年 10 月 16 日）

五、国内家庭农场的经验

（一）谁来经营——加强农场主的选拔与培养

各地在家庭农场的实际发展中，非常重视对农场主的选拔和培养。首先，许多地方强调农场主必须为本地农民身份。如武汉市规定，家庭农场主必须是具有武汉市本地农村户籍、从事农业生产的农户，而且要具有 5 年以上的主产业种养经验。针对农业人口的老龄化和低素质趋势，多地均抬升了家庭农场经营者的年龄和素质准入门槛。如武汉规定家庭农场经营者男性在 50 岁以下，女性在 45 岁以下，且具有高中或以上水平，还要有武汉市农广校以上部门颁发的"绿色证书"

其次，在培育机制上，以政策扶持为基础，以技术培训为重点，以从业意识提升为纽带。有些地方在家庭农场的培育过程中，组建农场主协会，这既有利于农场主相互了解彼此的生产经营情况和销售路径与方法，有利于建立利益共享机制，也可以培育他们的行业意识、职业认同感和归属感，从而坚定从业信心。

（二）经营什么——优化农业区域布局，推进专业化生产

我国人多地少，各地自然资源禀赋、经济社会发展水平和农业发展基础等差异较大。从我国东北、华北、西北、南方各地家庭农场的发展状况来看，优化农业生产布局，因地制宜优化产品结构，逐步实现生产区域化、产品专业化是发展家庭农场的必经之路。

　　以资源禀赋为依托是发展家庭农场的基础。如南方地区作为发展率先家庭农场的示范区，其东部沿海农业区发展成以园艺产品、畜产品、水产品为重点的中小型高效专业化家庭农场，将大城市郊区多功能农业区发展成以"菜篮子"和农林生态、休闲旅游为主导的小型专业化高效家庭农场，既充分利用了当地的自然资源，经营主业又充分体现了地方特色。

　　以市场为导向是发展家庭农场的必要条件。家庭农场需要克服原有的"小农户与大市场"的生产者的瓶颈，必须根据市场行情和需求的变化，调整农业生产。例如华北地区粮食生产大省（市、县、区）优先发展大中型粮食专业化家庭农场，并优先其他资源优势区发展为棉花、苹果、马铃薯、出口水产品以及蔬菜等中型专业化家庭农场。

（三）如何演进——自然发展与政府扶持相结合

　　从 20 世纪 80 年代开始出现"种田农手"和"大户"等家庭农场的雏形，到 21 世纪后，我国一部分地区如浙江、上海、吉林等地开始进行家庭农场的积极培育，以及 2008 年十七届三中全会发布《中共中央关于推进农村改革发展若干重大问题的决定》、2009 年《农业部关于推进农业经营体制机制创新的意见》的出台，之后在政策引导下，上海松江、湖北武汉、吉林延边、浙江宁波、安徽郎溪等地积极试点家庭农场，再到 2013 年中央一号文件将"家庭农场"作为新型生产经营主体正式提出，之后各地也相继出台地方上对家庭农场的具体的政策指导意见，家庭农场这一新型农业经营主体形式开始在全国范围内蓬勃发展。

　　家庭农场在我国的产生和发展例证了诱致性制度变迁和强制性制度变迁相结合推进新生事物演进的原理。

（四）有何优惠——加大财政补贴和政策扶持

　　我国各地政府因地制宜，积极引导家庭农场发展，从土地流转到流转补贴，从工商注册到农机补贴等各方面制定优惠政策来鼓励和支持家庭农场的发展。

很多地方为家庭农场提供登记绿色通道。如山东胶州、浙江宁波等地引导专业大户到工商部门进行登记，实现农户向法人转变。江苏省无锡市规定符合要求的经营者只要提供家庭成员身份证、家庭户口簿及土地承包协议等手续，最快当日就能办妥手续，领到一张家庭农场营业执照。

不少地区相继也出台了土地流转优惠政策，鼓励土地向家庭农场集中。如上海松江向种植水稻的农场提供每亩 200 元的土地流转费补贴；部分地区对达到门槛要求的家庭农场，给予起步期优惠补贴。

多项补贴给力家庭农场发展。2011 年武汉市出台了《家庭农场申请财政补贴项目指南》，截至 2012 年年底，平均每户家庭农场获补贴近 4 万元；部分地区则为家庭农场的新技术、新机械应用提供补贴和奖励。部分地区还积极探索信贷、税收等优惠政策向家庭农场倾斜。如浙江宁波慈溪允许家庭农场以大型农用设施、流转土地经营权等抵押贷款。

🌳 **动动脑**

1. 我国家庭农场有哪些模式？各模式有哪些特点？
2. 我国家庭农场发展的经验有哪些？

第二节　国外家庭农场主要模式与经验

🌳 **案例导入**

习大大和强哥为什么都要去爱尔兰农场？

2015 年 5 月 17 日下午，正在爱尔兰过境访问的中国国务院总理李克强和夫人程虹在爱尔兰总理肯尼夫妇陪同下，参观了位于香农的加维农场。2012 年，时任国家副主席的习近平也曾经到访过爱尔兰香农的詹姆斯·林奇农场。

为啥习大大和强哥都会到爱尔兰的农场去转一转呢？

正如李克强所说，爱尔兰农牧业发达，服务标准完善，管理技术先进。中国作为农业大国，正积极转变农业发展方式，全面推进农业现代化。两国

农牧业合作互补性强，前景广阔，未来可以进一步发掘合作潜力，更好造福两国人民。

爱尔兰农场长啥样？

爱尔兰人口只有400多万，但却是欧洲第四富国。如果从天空俯瞰爱尔兰，你会发现这个国家几乎全是绿色的，它也因此被称为"翡翠绿岛"。全爱尔兰土地的3/4是草场和牧场，主要饲养牛羊，优越的自然环境使爱尔兰成为世界上最大的牛奶制品产地，全球50%的奶粉原料来自爱尔兰，25%的婴幼儿配方奶粉出自爱尔兰。

爱尔兰是很早就关注动物福利的国家。在爱尔兰的牧场，牛们是在一边吃饲料一边听音乐的时候被偷偷地挤掉奶的。这样的技术国内很多大型牧场也都采用了。奶取好后被送到奶农合作社，合作社进行初步检测后将牛奶去脂，然后送到工厂。

爱尔兰的农场既有牧场，也有农田，牧场又分牧圈和草场。在牧草生长的季节，牛群按计划轮换牧圈放养。冬天，牛则在牛棚里吃从草场上割下的干草。农场主们也会在农田里种甜菜，卖给糖厂，种大麦和啤酒花，卖给啤酒厂，另外种少量土豆和其他蔬菜，供自家食用。

爱尔兰的家庭农场是世代耕种的，老子传儿子，儿子传孙子，子子孙孙可传好几代。

爱尔兰农场管理有多严格？

据爱尔兰农业部长介绍，他们只向家庭农场发放一个认证商标，但这个商标同时具备安全质量控制、产源地追溯和环保的三重功能。

在爱尔兰，养牛会得到政府的相当可观的补贴。政府投入了大量的人力物力来管理农场，小牛一出生就会有身份证，农场主销售给奶农合作社的每批牛奶都会有编号，不仅如此，农业部还安排很多巡视员负责监督各区牛奶的质量。欧盟要求所有的牛都要注射有关疫苗，如果牛出了问题，责任人不仅面临数月的监禁，他养的牛也可能被全部销毁，所以很少有人会犯规。

（**资料来源**：新三农，2015年5月19日）

● **案例思考**

从此案例中，可以看出国外家庭农场有哪些值得我们学习的经验？

一、发达国家发展家庭农场的主要模式

（一）美国：大农场高效益

1. 以中大型农场为主

美国的家庭农场从产权制度上被认定为个体经营的市场主体，传统上按耕地面积、产值等标准，将美国农场规模划分为中小型、大型和超大型。从数量上看，美国家庭农场的发展依靠的农民数量少，人均土地经营面积大，2004 年至 2010 年，美国家庭农场的平均面积都在 165 公顷以上。美国农场的发展主要分为家庭农场和混合制农场，随着经济的发展和社会的进步，家庭农场渐渐替代了混合制农场，成为主要推动力。

从表 4 - 8 中 2004 至 2010 年的数据来看，全美平均面积 4 公顷以下的农场有 23 万多个，5 至 20 公顷的农场接近 62 个，21 至 72 公顷的农场 63 多万个，大于 808 公顷的农场有 8 万多个，中型农场占非常大的比例。经营方式的规模决定着经营效率。从实际发展情况来看，美国家庭农场的总数在不断地减少，其中小型农场数量有所减少，中型农场有所增加，大型的农场总数没有明显的变化。小农场不利于规模经济效益的实现，在追求农业效益的路程上，将家庭农场的中大型比例不断地扩大，缩小小农场数量的举措，有利于美国家庭农场实现规模化。

表 4 - 8　美国家庭农场基本数据

年份	2004	2005	2006	2007	2008	2009	2010
农场数（万）	211. 30	209. 90	208. 90	220. 50	220. 00	220. 00	220. 00
平均面积（公顷）	178. 46	178. 87	179. 27	169. 15	169. 15	169. 15	169. 16
土地规模（万公顷）	377. 16	375. 54	374. 73	372. 71	372. 31	372. 31	372. 45

（续表）

年份	2004	2005	2006	2007	2008	2009	2010
规格标准（公顷）	≤4	5~20	21~72	73~202	203~404	404~808	≥808
农场数（万）	23.3	62	63	36.9	15	11.8	8

数据来源：美国统计年鉴2011

2. 追求经济效益

2007 年，美国家庭农场为 220 万个，年销售总收入 2 972 亿美元，比 1978 年增长 68.5%，年增长率为 2.8%。从年销售收入的角度出发，美国家庭农场可以分为表 4-9 中的七种类型，老弱户为老年夫妇和体弱农户经营的小型农场，兼业户多是因为自有土地不足，以农场经营为主，还经营其他副业的家庭农场。在农场个数方面，美国的兼业户和小型农场居多，分别为 45.1% 和 19.8%，但是从经济效益和产值贡献来看，个数仅占全美 5% 的特大型农场，年产值贡献占全美农业的 53.7%，这体现了美国家庭农场经营的规模大高效益特征。

据美国农业部门统计数据，在 2007 年全美 220 万个农场中：种植型家庭农场占 43%，其中谷物农场 14.2%、经济作物农场 22.2%、水果农场 6.3%；养殖型家庭农场占 57%，其中肉牛牧场 30.2%、奶牛牧场 2.7%、猪场 1.3%、家禽养殖场 1.8%、其他养殖类型农场 21.3%。家庭农场类型种类繁多，以经济作物和肉牛养殖为主。

表 4-9　美国家庭农场分类（以销售收入为标准）

	老弱户	兼业户	小型农场	中型农场	大型农场	特大型农场	非家庭农场
年销售收入（万美元）	<5	<5	5~10	10~25	25~50	50~500	—
农场总数（个）	403 828	989 830	434 599	111 389	93 601	110 152	53 393
农场个数占全美比例（%）	18.10	45.10	19.80	5.10	4.30	5	—
农场平均规模（英亩）	174	148	294	980	1 398	2 132	1 099

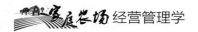

	老弱户	兼业户	小型农场	中型农场	大型农场	特大型农场	非家庭农场
年产值占全美农业比例（%）	1.60	4.24	4	6.60	12.20	53.70	17.70

数据来源：美国家庭农场报告. 美国农业部经济研究局，2010

（二）英国：农场主由农户向职业经理人转型

英国的圈地运动非常著名，16世纪圈地运动规模逐渐加大，农民手中的土地多数被富农以租赁或购买的形式占有，为了扩大生产规模，提高生产效益，这些富农就将自己占有的土地合并起来，形成了较大的农场，这就是最初形式的英国家庭农场。发展至今，英国家庭农场约为35.8万个，从事农业生产经营活动的有55万人。

政府专门设立农业经营管理部，目的在于培养一大批的农业职业经理人。这个部门的职能是，在研究解决农业生产中出现的问题，以及组织农学专家为农业工人提供技术培训和咨询服务这两个方面，这是英国将科学技术运用到农业发展中的早期举措，即培养农业职业经理人。农业职业经理人通过联合分析市场供需情况，掌握有用的市场信息，利用自身的专业知识和生产经验，来达到及时应对市场风险，获得利益的最大化。

在培养农业职业经理人的同时，英国家庭农场的发展还离不开政府重视专业人才的政策。他们支持高等教育学院中含有农学专业的学校逐年扩大招生人数，并帮助符合相应条件且毕业后自愿从事农业生产的大学生到相关的科研机构接受更加专业的教育和培训。家庭农场的生产经营和管理都需要专业的人才，通过建立和完善科技指导机制、加大对农学教育培训的投入，可以推动家庭农场经营管理的持续发展。

（三）日本：小农场大品牌

日本的农场发展投入大量的机械化，小型家庭农场成为日本农场经营管理的主要模式。2012年的统计数据显示，日本共有耕地面积453万公顷，农业人口为 260 万，人均 0.035 公顷。在 2000 年日本家庭农场平均每户的经营规模为 1.24 公顷，2005 年增加到 1.8 公顷，但总体仍然处于小农场生产。由于这种小农场的生产会面临很多的困难，日本政府鼓励家庭农场进行协作经营，以避开分散的土地占有给家庭农场的生产经营带来的障碍。由所有制向使用权制度的改变成为日本政府农村土地改革的重点。以农田租赁协作，带动土地经营权的流转，促进共同基础设施的建设，帮助农场主收集市场信息，妥善经营农户出租和委托作业的耕地。

在日本的家庭农场经营中，管理者都注重品牌的树立和农产品的深加工，一个品牌代表着一个农场的主要经营产品，品牌的树立对农产品打入市场是非常有益的。初级农产品都是大同小异的，为了使农场在市场上占有相当的份额，就需要对农产品进行深加工。

> 芝麻在日本属于一种保健食品，被称为"胡麻"。位于名古屋市阿比久町板山地区的一个家庭农场就是把芝麻作为主要经营对象，农场主龟山周央先生除了种植以外，还非常注意金芝麻的深加工：金芝麻盐、金芝麻酱、金芝麻油等。龟山先生还从事"教育农场推进事业"的农业观光，让幼儿园和小学的孩子体验金芝麻栽培，培养孩子们对农业的兴趣。日本 NHK 电视台、名古屋地区的最大报纸《日中新闻》对龟山先生的教育农场推进事业均有大量报道，这无疑又对金芝麻的品牌起到了宣传作用。

> （资料来源：小农场怎样做成大农业. 新浪微博，2015 年 1 月 15 日）

二、发达国家家庭农场发展的经验

（一）政府引导是家庭农场生产经营的前提

发达国家家庭农场的发展，离不开政府的大力引导。在土地流转、公共设施建设、生产要素等方面，政府运用立法、政策制定、资金扶持、劳动力培训多种方式给予家庭农场系统性支持。如 1947 年，英国制定了第一部农业法，其中规定了规模小和产能低的农场必须进行合并经营，拥有80到100公顷的土地规模是可以作为家庭农场生产经营的最低要求，政府会按照农场的种植规模、销售情况和技术投入情况来给农场主进行补贴，规模越大的农场可以获得更多的效益，这使得家庭农场的兼并趋势越来越明显，1970—1979年，英国的小规模农场减少了52%，而大规模的家庭农场增加了18%。

国外成功案例 ——荷兰：政府支持，推动家庭农场发展

阿纳姆位于荷兰东部，是座省会城市，却被数以百计的各种养殖农场重重包围。这里大多数农场的特点是家庭式经营、科学养殖，产业化管理。

在距阿纳姆不远的杜温小镇，我们参观采访了乌林柯先生的奶牛场，院前是一大片绿茵茵的草地，还有两个巨大的牛棚。这是当地比较典型的一个家庭农场，由乌林柯夫妇俩经营，没有任何雇工。40岁出头的乌林柯，身穿连身背带裤、脚蹬沾着泥土、杂草和牛粪的高筒靴，但言谈举止温文尔雅。乌林柯说，他早年就读于荷兰一所农业大学的乳牛养殖专业，毕业后继承了父亲的奶牛场，存栏由原来的50多头奶牛发展到现在的180多头，均为新一代优良品种。从牛的喂养、牛棚清理和挤奶到小牛接生等，全都是他们自己搞定。

乌林柯家的牛奶专供荷兰最大的食品公司菲仕兰·坎皮纳。每隔3天，公司的运奶车来取一次奶，通过连接管自动完成。因此，科学饲养、确保各个环节安全成了乌林柯的经营准则。他的工作间有两台电脑，与挤奶机器人装置连接，再加上最核心的两套智能化分析管理软件，整个系统的投资在20

万欧元以上。乌林柯按动鼠标，指示电脑屏幕上的图谱和曲线。他说，在电脑里，每头牛都有自己的一整套档案，天天测试记录，包括牛的健康状况、饮食情况和营养分析等，还可根据每头牛的体质测算出当天应当产奶的数量。如果实际产量低于这个数，就显示它有异常情况，或是健康问题，或是饮食结构问题，并及时对症处理。他还强调说，若某头牛的乳头发炎，电脑系统提前两三天就可测出，其奶汁只能拿去喂猪，绝对不可混入储奶罐。换言之，乳制品安全要从源头抓起。

乌林柯先生的奶牛场是荷兰乃至整个欧洲家庭式农场的一个缩影，很有代表性。正是这些现代化的家庭农场、农业合作社和各种行业协会的共同努力，把荷兰打造成了全球第三大农产品出口国，其中仅奶制品年出口额就高达大约 25 亿欧元。

荷兰农业之所以能实现可持续发展，除了有利的自然条件外，关键在于政府大力扶持，农业科研、推广和教育"三位一体"，形成良性互动。集约化经营、高技术生产、现代化管理和注重环保，给荷兰农业带来高产、高质和高附加值。此外，长期以来欧盟一直实行"共同农业政策"，农业专项补贴占其预算支出的比重高达 40%，荷兰广大农场主自然受益匪浅。

（资料来源：土地资源网，2013 年 7 月 15 日）

（二）健全的法制体系是家庭农场生产经营的保障

发达国家特别重视法制体系的健全和完善。18～19 世纪，英国废除了敞田制，确立了土地私有制度。土地私有对农民进行生产经营产生了激励的作用，降低了交易的成本。同时，在法律上，英国将土地承租人对土地的占有视为一种独立的财产收益，给土地承租人以更加充分的保护，保障了土地租赁制的推广，加大了缺少私有土地的家庭农场经营者对土地使用权的持有，通过土地法的完善，使农场主可以有效地经营家庭农场。为适应农业经济的发展，美国国会每 5 年就要修改一次农业法。美国 31 个农业法律、法规，内容广泛，包括税收、土地所有权、信贷、供应、融资、产品运输和加工等不同方面。这些法律制度明确了农场主的权利与义务，完善的法律体系给美国的家庭农场经营管理各个环节提供了良好的环境和秩序，保障了农场主们的权利。

国外成功案例 ——美国：健全法制，保障家庭农场发展

美国是世界农业大国之一，大型、专业化农场的现代化程度相对较高。不过，近年来，随着化石能源短缺问题越来越突出，农场经营成本日趋增高，小型、多样化的家庭农场开始走俏美国，甚至开始成为美国城市中的另类特色。

　　Throne 家庭农场则位于南加州马里布附近，自 1920 年至今已经经营了三代人。主要种植蔬菜、水果和鲜花等。其农产品不仅会出现在洛杉矶地区的多个农贸市场中，也会提供给不少有名的餐馆。

　　更重要的是，这里似乎已经成为附近地区青少年亲近自然和了解农业的一个基地。Throne 农场定期会为孩子们组织农场观光活动，为他们讲解植物生长的特性，此外还会在假期提供青少年夏令营活动，为他们提供相对长时间接触自然的机会。

　　利用互联网和新媒体对外宣传是家庭农场吸引客源谋求市场发展的重要途径。借助互联网，家庭农场主可以在全球范围内对外提供及时、全面和立体的信息，此外，完善的预定和供货系统为客户提供了更多方便。

　　而在为家庭农场提供的保障方面，为推动家庭农场的正规化、规模化、科学化，美国有关各方从立法、政策等多方面进行了有效的指导、管理和支持。比如，1999 年 7 月，美国加州政府通过了"加州农场家庭住宿法案"，对允许农场和牧场提供游客过夜服务作了法律规定，为农场和牧场发展铺平了道路。

美国从县、州一直到联邦的各级政府，对家庭农场的发展都有一系列的扶持政策。地方政府对每一寸土地的开发都有详细的规划，以充分利用好本地的自然环境、文化资源。这样一来，在开发的过程中一旦出现问题就有章可循，有据可查。

（**资料来源：**新华网，2013 年 4 月 13 日）

（三）政府补贴是家庭农场生产经营的后盾

在发达国家，农业发展已进入到国家保护农业的阶段，政府补贴水平较高。1990 年之前，法国政府主要是通过间接补贴来鼓励农业生产。1994 年后，法国调整了农业补贴政策，加大对农业的补贴数量和额度，更加侧重对生产环节的补贴，增加生产环节补贴的额度。由于农业补贴直接关系到农场主经营效益，若是层层发放将会出现实际到达农场主手中的补贴少之又少，法国政府采用的是通过银行直接划到农户账户上的做法，这将会很好地规避补贴发放过程中出现的不良现象。

国外成功案例 ——美国：政府补贴，加速家庭农场发展

经过长途跋涉，两天之后记者终于来到北达科他州的河谷市格雷格和玛茜夫妇家。格雷格的"家"看上去跟美国城镇里的大多数私人住宅没有任何区别。房子共分两层，一楼最显眼的是宽大的厨房。所有的器具设备在记者看来，只要是这个世界上有的，在这个农民家里就一样也不缺少。

从表面上看，格雷格似乎很富有，但实际上他每年能够赚到自己腰包的钱并不多。由于化肥价格上涨，加之油价飞涨，还有高科技方面的高投入以及天气和国际市场等因素，农场的利润实际很薄。格雷格说，他每年在农业上的投入高达39万美元，收入大约40万美元，两项一抵消，年利润只有1.8万美元左右。

格雷格说，之所以还能够赚到1万美元左右的年利润，是因为美国联邦政府对农业进行了补贴。如果联邦政府取消对农业的补贴，他的农场也就只能维持一个不赔不赚的局面。

美国农业补贴的集中度很高，90%以上的农业补贴集中在大约20种农作物中的5种：小麦、大豆、玉米、大麦、棉花，这有利于提高大宗农产品的市场竞争力。由于补贴与农作物的面积和产量挂钩，大农场主便成为农业补贴政策的最大受益者。据美国农业部估计，目前大约30%的大农场获得了大

约 70% 的补贴。这不仅使农业补贴政策操作起来更简便集中，也有利于提高大农场的生产规模和竞争力。

美国对农产品的补贴实行全过程全环节补贴：一是休耕补贴。为了控制农产品供给，避免农业出现生产过剩、农民"增产不增收"的局面，美国对部分农产品实行"休耕"政策，由政府对休耕造成的损失进行补贴。二是生产补贴。政府对补贴范围内的农作物按面积和产量进行补贴。三是储备补贴。政府通过提供储存费以及无追索权贷款，鼓励自愿参加储备计划的农场主将部分谷物存储起来，使市场保持一种供需平衡。四是出口补贴。美国政府为了拓展海外市场，对小麦、玉米、大豆、棉花等主要农产品给予出口补贴。

美国农产品补贴措施多样，归纳起来主要有三类：一是支持性收购，类似于中国的粮食保护价收购政策。二是差价补贴，即事先确定一个目标价格，然后按照目标价格与实际的平均市场价格之差进行补贴。三是直接补贴，又叫"不挂钩补贴"。

美国的农业补贴政策给美国农民带来了巨大的实惠，提高了农民的收入，缩小了城乡差距。由于补贴政策提高了农产品的市场价格优势，使美国农产品能在国际市场上以较低廉的价格获得竞争优势。美国之所以能成为世界头号农产品出口大国，很大程度上靠的就是补贴。

但是对于政府的补贴政策，格雷格并没有记者预想的那样感激涕零，相反他还有很多不满。他说，他宁愿粮食市场走好，粮食价格走高，也不愿意接受政府的补贴，原因是"手续太繁琐"，每年都需要将所有的单据保留给联邦政府看。

（资料来源：黑龙江日报，2013 年 2 月 27 日）

（四）科技现代化推动家庭农场的生产经营

发达国家的现代化家庭农场体现在，利用现代设备和科技装备农场，采用现代管理方式管理农场，培育现代化职业农场主，提高农场主的知识文化水平，发展优质高效可持续发展的生态农业。在德国，家庭农场已全面实现了信息化、机械化和知识化。所有的家庭农场都建立了正规的会计制度并配备了电脑和其他传媒工具，对于采购、销售收入和产出等明细都入账记载，以进行经济核算，走向现代化管理。英国家庭农场中都广泛应用了配套的农业机械，播种机和割草机等农业机械贯穿于农场生产经营的各个环节。

国外成功案例 ——德国：科技现代化，武装家庭农场发展

德国女农场主西尔克·基尔斯腾，有两个儿子马克西和莫利茨。

19 岁的大儿子马克西正开着拖拉机在田里平整土地。"一要把冬天集中堆放的牛粪均匀地分散到地里，二要把土地平整好准备种玉米。"马克西一边娴熟地操作拖拉机，一边给记者介绍。"拖拉机我也能开，哥哥干的活我都会！"一旁 14 岁的弟弟莫利茨对记者说。

"没错，两个儿子和爷爷，是农场干活的主力，大多数劳动都由他们承担。"基尔斯腾说。因为全都是机械化作业，所以两位"少年农民"就基本可以耕种这么大一个农场的土地。农场还养了 75 头牛，主要由她负责。丈夫有一个工作间，和两名雇员做一些门窗类木工。

"说到底，农机才是干活的主力。"基尔斯腾说，家里有大大小小 20 多台农机，从播种、翻土、施肥、洒药到收割，各种机械一应俱全。仅拖拉机就有 7 台，可以牵引不同的耕种设备，在不同规模的农田作业。牛栏里像喂食、挤奶、清扫牛粪这些活，也都是通过机械完成，真正需要人力的很少。

马克西和莫利茨未来都愿意接手家里的农场，继续在家当农民。马克西再过一年就考大学了，他想报考农学专业。弟弟莫利茨则想学机械维修，这样以后可以自己维修农机。莫利茨说。"家里有网络，去最近的城市只有 6 公里，这里的生活条件不比城里差，环境更好。"

柏林洪堡大学农业教授西尔克·许特尔对本报记者表示，像基尔斯腾这样的家庭农场在德国农业生产中发挥着重要作用。这些农场在第二次世界大战前就开始实现机械化耕种，二战后机械化程度不断提高。20 世纪 50 年代，

一个农场只能养活 10 个人，而到了 2010 年，同等面积农场大约可以养活 150 个人，效率大大提高。

许特尔指出，家庭农场有朝着更大规模发展的趋势，整体数量在减少。现代农机价格昂贵，会给家庭农场带来较大经济压力。通行的做法是几个农场联合，共享农机。

（资料来源：土地资源网，2013 年 7 月 15 日）

（五）社会化服务支撑家庭农场的生产经营

在发达国家家庭农场发展的过程中，虽然土地私有制占有基础地位，但是农业现代化并不是必然与土地集中和规模经营相联系，农业现代化也不需要消灭中小农户，例如日本大部分为小型家庭农场，但是经济效益很可观。在农业现代化的过程中，发达国家主要是通过"家庭农场＋农民合作社＋完善的农业社会化服务体系"这种管理模式去发展现代农业。在生产方面，农民合作社将生产经营同类农产品的分散小农户组织起来，可以进行统一销售或者统一加工来获得更多的经济效益。农产品的质量非常重要，农民合作社可以对各个家庭农场的农产品进行统一的质量检测管理，鼓励大家采用良种，统一化肥农药的使用，推广先进的种植养殖技术。在农业社会化服务体系比较完善的条件下，可以实现家庭农场经营的规范化和现代化发展。

国外成功案例 ——日本：农协服务，给力家庭农场发展

2010 年 9 月 2 日上午，我们到达了日本大分县日田市大山町的"大山农协"。在农协的地下酒窖里，会长矢羽田正豪为我们上了生动的一课。"大山町身处山区，40 年前曾是日本最贫穷的町，户均耕种面积只有 0.4 公顷。通过农协组织的建立，目前我们的总产值达到了 55.7 亿日元。"会长拿着一份收入增长表自豪地对我们说。

"农协"，全称为日本农业协同组织，创建于 1947 年，是目前日本影响最大、组织基础最广泛的农民互助合作组织。农协会员有正式会员和准会员之分。按照日本《农业协同组合法》规定，凡耕种 0.1 平方公里以上土地、年间从事农业生产 90 天以上的农民，都可以自愿向农协入股，成为所在地区农协的正式会员。准会员不直接从事农业生产，只靠农协做生意，可以是个人，也可以是事业团体单位。

大山町目前有 3 386 人，1 011 户，其中农协正式会员有 639 人，准会员有 233 人。"不同于中国的农民合作社，日本的农协是一个集生产、加工、销售、金融、保险等于一体的综合机构，农民生产的 80% 的农副产品是由农协帮助贩卖的，农民 90% 的生产资料是由农协提供的，产生的手续费是农协自身运转的主要经济来源。"矢羽田会长说。记者了解到，日本农协分为基层（市町村）、地方（都道府县）和中央（全国）三级组织。农协的工作内容包括：提供农业生产的信息、农业生产资料和技术指导，统一销售农产品，提供农村金融服务，从事农村医疗保险、文教和各项社会福利事业。

"农民从摇篮到坟墓的整个过程，农协都可以提供服务。"矢羽田会长说，

"比如说农协中有一项贷款名叫'娶媳妇',农民可以贷款办酒席、备彩礼,还款年限长达10年,而且没有利息。还有一种贷款叫'体验学习',为了让农民见世面,农协经常组织出国旅游,这部分钱也可以贷款。"记者了解到,农协提供的各项贷款都不需要担保,完全依赖于农协和农民的互相信赖。

见记者们有些不信,他又拿出一幅今年的"农协事业内容表",其中最高的一个柱状图显示,农协今年上半年为会员投保金额高达432亿日元。"如果遭遇自然灾害,农民的损失将由农协全部赔偿,目前日本农协受理的保险额仅次于日本最大的日本生命保险公司位居第二。"他还介绍,日本农协有100多家医院,有完整的教育体系,国家设农协中央学院,各地有40多所农协大学及各种研修中心,还有自己的报纸和刊物。

一路走来,记者确实感到日本农协的无处不在。8月31日,在东京附近的千叶县,记者参观了当地的千叶绿色农协建造的"海上稻米中心"。农民把收来的稻谷送到这里,中心负责统一干燥、脱壳、打包、贴标签,然后销往全国各地,收入会自动计入会员账户。在旭市,农协建立的鲜绿营农中心可以按大小、重量、成色等对黄瓜、西红柿进行自动分类,选果、包装、运输一气呵成,完全实现了农产品的标准化生产。

日本农协发展至今,成为亚洲乃至世界最为成功的农民经济合作组织,和国家对农协的法律保障、政府对农业的大力支持分不开。千叶绿色农协专务理事实川和彦告诉记者:"日本政府对农业提供了巨额财政信贷支持,农协

比其他法人纳税率低 10%。农协可以根据市场情况有计划地规模出售农产品，保证农民在高价位卖出农产品。""农协的目标是让农民享有和工薪族一样的待遇。"矢羽田自己理解的"农协"是要和农民"一心同体"，减轻农活劳动强度，扩大月薪型农户。"日本农村的年轻人越来越少，如果不实现劳动条件的改善，将会加速年轻人与农业的脱离。"矢羽田说他们下一步的目标是实行每周休假 3 天制度，以扩大农业的吸引力。

"今天中午我们请大家享受家庭的味道。"采访结束后，矢羽田会长神秘地说，原来午饭安排在农协直属的"木之花"农家料理，这也是农协在各地建立的直销店中的一种，矢羽田开玩笑地说："材料都是当地产的，做饭的全是村里的妇女，减少了流通环节，降低了成本，滋味当然就格外好啦。"

（资料来源：大众日报，2010 年 9 月 13 日）

🌳 **动动脑**

1. 发达国家各种家庭农场模式有何共同特点？
2. 国外家庭农场发展有哪些成功经验？

🌳 **链接案例**

循环经济中德国"鱼菜共生"新型农场是怎样运营的

鱼菜共生是一种新型的复合耕作体系，它把水产养殖与蔬菜生产这两种原本完全不同的农耕技术，通过巧妙的生态设计，达到科学的协同共生，从而实现养鱼不换水而无水质忧患，种菜不施肥而正常成长的生态共生效应。德国公司就利用这种技术在城市里种出了新鲜蔬菜、养出了肥美的鲜鱼，受到了民众的欢迎。

墨西哥原住民阿兹台克人和古代中国人在一千年前就开始利用鱼菜共生技术了。如今，德国企业家在柏林这个大都市里种植蔬菜和养鱼。

在一家废弃酿酒厂的砖墙里，德国"效率城市农场"公司（以下简称"ECF 公司"）使用鱼菜共生技术种植土豆、胡椒以及绿色蔬菜，农场的肥料来源是鱼类的排泄物。它是一个麻雀虽小而五脏俱全的微型农场。尼古拉斯·莱斯赫与其合作伙伴在两年前创立了该公司，她说："我们的目的在于向城市居民提供以可持续方式生产出来的农产品。"

鱼菜共生技术利用水栽法在水中种植蔬菜，同时在水箱里养鱼。"在这种技术的支持下，在城市里可以直接种植蔬菜而无须到偏远的乡村里。"莱斯赫一边吃着甜莴苣菜一边说。这将大大降低环境保护成本和交通成本。此外，它可以保证城市居民吃到新鲜的蔬菜。

如今，ECF 公司在办公室外购买了一块 1800 平方米的土地，用于打造其较大规模的鱼菜养殖农场。

柏林国家投资银行已经同意为该投资项目提供贷款。届时，该城中农场将在农场旁的精品店里出售水果和蔬菜，并向那些定制了"每周速递蔬果篮"的柏林市民配送农产品。

此外，农场还将向餐厅出售澳洲肺鱼。"或者有人打电话来说，我周末要举办一个烧烤晚会，我要买十条鱼，那么我们也会快递给他。"莱斯赫说。

由于农产品就在附近生产出来，因此 ECF 公司生产出来的产品获得了社会的欢迎。去年咨询公司 ATKearney 在德国、瑞士、奥地利进行的一项研究表明，越来越多的消费者认为，食品在本地生产是最重要的，甚至比其是否为有机食品还更重要。

ATKearney 公司称，质量、新鲜度以及对本地经济的支持是民众对本地区产品抱有热情的原因。ATKearney 公司将这类食品称为"新型的有机食品"。

莱斯赫的箱式农场分为两层，底下一层是水箱，里面养着鱼，上面一层是温室，种植着各色蔬菜。养鱼箱里安装了一个特殊的过滤器，过滤器的细菌将鱼粪里的氨基盐转化为硝酸盐，富含硝酸盐的水将被抽起来灌溉温室里的蔬菜。这些蔬菜并没有种植在土壤里，其根系生长在富含矿物营养物质的水流里。

在人潮拥挤的城市中心，这是一种良好的耕种方式。如今城市化程度逐年上升，全世界将近一半的人居住在城市里。在这一背景下，这一耕种方式是非常有意义的。

鱼菜农场里的水既可以用于养鱼，也可以用来种蔬菜，比传统农场里的用水量更小，而鱼粪被循环利用转化为植物的营养。鱼菜共生技术可追溯到墨西哥原住民阿兹台克人时代，他们在岛屿的浅水里种植作物，此外，远东的中国人很早就形成了在稻田里种植大米并同时养鱼的文化。

ECF 公司复兴古老种植技术的创业构想赢得了加利福尼亚颁发的创业大奖。如今，公司已经售出了多个微型农场。创始人莱斯赫称："我们并没有将种植当成一种业余爱好。我们的目标在于以可持续种植的方式为城市居民提供新鲜的蔬菜。我们将打造更大规模的城中农场，然后卖给企业、房地产开发商，甚至卖给农场主。我们的市场需求遍布全世界。"

（资料来源：中国农村网，2015 年 4 月 30 日）

🌳 **复习思考题**

1. 请简述国内家庭农场的主要模式和各自特点。
2. 请简述国内家庭农场发展的主要经验。
3. 请简述国外家庭农场的主要模式和各自特点。
4. 请简述国外家庭农场的主要经验。

第五章
家庭农场的经营

🌳 本章要点

1. 掌握家庭农场的认定与申报；

2. 了解家庭农场主的素质及培养；

3. 掌握家庭农场的经营策略。

🌳 关键词

认定标准；申报程序；农场主素质；农场主培养；经营策略

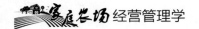

第一节　家庭农场的认定与申报

🌳 **案例导入**

蕉岭家庭农场势如雨后春笋

2014年广东省制定出台《关于促进我省家庭农场发展的意见》，蕉岭县的家庭农场更是如雨后春笋般发展起来。凭借当地富硒土地和好山好水，截至目前，蕉岭县的家庭农场已发展到106家。如今，蕉岭县已成为梅州发展家庭农场的排头兵，走在了全省探索农村综合改革的前列。

办家庭农场村民显神通

"年丰家庭农场"、"喜云家庭农场"、"俊好家庭农场"、"老夫子家庭农场"……蕉岭的家庭农场，有种蔬菜、龙眼、沙糖橘、三红柚、名贵树木的，也有养殖观赏鱼、土猪的，可谓五花八门、各显神通。

早在2013年，蕉岭县就在全省率先出台了首个县级家庭农场管理办法——《蕉岭县家庭农场管理办法（试行）》。陈建光说，蕉岭县家庭农场按照"政府引导、政策支持"、"分级打造、规范管理"、"申请自愿、依法登记"、"定期核查、依法退出"，18至65周岁以农业为主要职业、具有独立民事活动能力的人，都可经营家庭农场。

截至2014年4月初，该县共审核成立了106家家庭农场，几乎占到梅州市总数的1/3。

外出打工族回乡开农场

30亩—70亩—300亩—800多亩，几年间，科诚家庭农场逐步发展，至今已发展种植面积800亩，并拥有多种现代化机械的新型农业经营主体。"很早以前我就看到了农业的前景。"原来，林干松早年一直在外打工，几年前，"熟悉农村，了解工商"的他嗅到农业发展的机遇，干脆回乡"包下"邻里的土地，专心搞规模化种植。

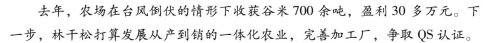

去年，农场在台风倒伏的情形下收获谷米 700 余吨，盈利 30 多万元。下一步，林干松打算发展从产到销的一体化农业，完善加工厂，争取 QS 认证。

"蕉岭的家庭农场成了'香饽饽'。"县农业局经管股股长陈建光告诉记者，"几天前还有个大学生专门来登记成立农场。"

（资料来源：羊城晚报，2015 年 4 月 23 日）

🌳 案例思考

家庭农场的申报流程是什么？

一、家庭农场认定标准

在 2013 年中央一号文件《关于落实中共中央国务院关于加快发展现代农业进一步增强农村发展活力若干意见有关政策措施分工的通知》中首提家庭农场后，国家并没有对家庭农场的认定标准做出明确规定，而是规定各地依据各自的土地资源、劳动力资源、农业发展情况、经济发展状况等现状，制定家庭农场认定注册的相关政策。依此，近年来各地从户籍、劳动力及雇佣、农业生产、规模经营及相关的财会管理制度等几个方面相继出台地方认定标准。

（一）东北模式——以辽宁省海城市家庭农场认定标准为例

2014 年 3 月，辽宁省海城市政府出台了《海城市发展农村家庭农场实施意见（试行）的通知》。其中，对该市家庭农场的认定标准规定如下：

（1）家庭农场主体必须是农民，且年满 18 周岁以上，接受过相应的农业技能培训，具有完全民事行为能力，可以独立进行民事活动。

（2）家庭农场劳动力必须以家庭成员为主，主要从事农场劳力 2 人以上（含 2 人）。

（3）家庭农场主体必须具备一定的经济实力，自有流动资金在 10 万元以上。并以农业收入为农场主要收入来源。

（4）家庭农场经营的产业须符合市级经济发展整体规划，规模适度，相对集中连片，推广应用新品种、新技术，机械化操作水平较高，标准化程度较高，品牌意识和产品市场竞争力较强。从事畜禽养殖的家庭农场须取得

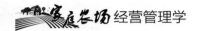

《动物防疫条件合格证》。

（5）家庭农场经营规模达到一定标准并相对稳定：

①从事粮食作物生产为主的，土地租期5年以上，经营面积100亩以上；

②从事果业生产为主的，土地租期20年以上，经营面积100亩以上；

③从事蔬菜生产为主的，土地租期5年以上，经营面积50亩以上；

④从事花卉种植为主的，土地租期10年以上，经营面积20亩以上；

⑤从事苗木生产为主的，土地租期10年以上，经营面积100亩以上；

⑥从事畜牧养殖为主的，生猪年出栏500头以上，饲养肉牛50头以上，饲养奶牛20头以上，家畜混养500头以上；

⑦从事家禽养殖为主的，鸡或鸭年出笼50 000羽以上、鹅出笼1 500只以上，家禽混养50 000羽以上；

⑧其他从事种养结合等多种经营的，土地租期5年以上，年收入10万元以上。

（6）家庭农场经营的土地须取得合法有效的农村土地承包经营权证或土地流转经营权证明资料，且权属无争议。

（7）管理方式先进，土地产出率、经济效益明显提升，经营效益比普通经营高出20%以上，对周边农户具有明显示范带动效应，产品基本实现订单生产和销售。

（二）华北模式——以山东省诸城市家庭农场准入条件为例

2013年4月，山东省诸城市政府出台了《诸城市鼓励扶持家庭农场建设的暂行办法》。其中，对该市家庭农场的认定标准规定如下：

（1）家庭农场以农业收入为主要经济来源，常年有2人以上（含2人）固定在农场从事生产劳动，同时，家庭农场主年龄应在18周岁以上，具有完全民事行为能力，可以独立进行民事活动。

（2）有专业生产经营项目，专业生产率占90%以上。从事畜禽养殖的必须取得畜牧、国土部门《规模畜禽养殖项目登记备案证明》和《规模畜禽养殖用地登记备案证明》，符合农业部《动物防疫条件审查办法》中畜禽养殖场动物防疫条件，并取得《动物防疫条件合格证》建有粪污无害化处理设施。

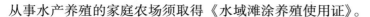

从事水产养殖的家庭农场须取得《水域滩涂养殖使用证》。

（3）农场用地除自有承包经营土地外，其他为流转土地。全部利用土地必须有规范的土地承包和土地流转合同。

（4）有会计账簿和生产经营相关制度。有与生产经营相适应的生产设施，具备基本的办公设备。

（5）有基本的配套设施、生产基础，具备防灾抗灾能力。从事粮食、黄烟生产经营的家庭农场，机械化生产率达到90%以上。

（6）围绕所从事产业，经营规模适度，符合农业等相关规划，用地相对集中连片，注重推广应用新品种、新技术，品牌意识和产品市场竞争力较强。

（7）管理方式先进，土地产出率、经济效益高，全年本业收入占家庭年总收入达到90%以上，家庭农场从业人员年人均纯收入达到本镇街农民人均纯收入的2倍以上，对周边农户具有明显示范带动效应。

（8）家庭农场经营的土地流转合同年限不得低于10年，且从事经营两年以上。

（三）南方模式——以安徽省亳州市家庭农场认定标准为例

2013年7月，安徽省亳州市农业委员会出台《亳州市家庭农场认定管理暂行办法》的通知。其中，对该市家庭农场的认定标准规定如下：

（1）家庭农场经营者应具有农村户籍（即非城镇居民）。须年满18周岁以上，具有完全民事行为能力，可独立进行民事活动、信誉良好。

（2）以家庭成员为主要劳动力。家庭常年在农场经营、劳动人员须在2人以上（含2人）。可以季节性雇工。

（3）以农业收入为主。即：农业净收入占家庭农场总收益的80%以上。

（4）经营规模达到一定标准并相对稳定。即：从事粮食作物生产的家庭农场，租期或承包期应在5年以上，连片经营土地面积应达到100亩以上，且从事经营一年以上。从事经济作物、养殖业或种养结合的，应达到相应的规模标准。从事畜禽养殖的家庭农场须取得《动物防疫条件合格证》。家庭农场根据规模分为小型家庭农场、中型家庭农场和大型家庭农场。各种类型的家庭农场标准详见表5－1。

表 5－1 安徽省亳州市家庭农场认定标准

类型		指标	小型农场	中型农场	大型农场
种植业	粮油生产	面积（亩）	100～200（不含200）	200～500（不含500）	500 以上
		年产值（万元）	20 以上	40 以上	100 以上
		纯收入（万元）	5 以上	10 以上	25 以上
	设施农业	面积（亩）	20～50（不含50）	50～200（不含200）	200 以上
		年产值（万元）	16 以上	40 以上	160 以上
		纯收入（万元）	8 以上	20 以上	80 以上
	特色种植	年产值（万元）	20 以上	60 以上	150 以上
		纯收入（万元）	10 以上	30 以上	80 以上
养殖业	家畜 猪	年出栏（头）	300～1 000（不含1 000）	1 000～5 000（不含5 000）	5 000 以上
		年产值（万元）	40 以上	120 以上	700 以上
		纯收入（万元）	3 以上	10 以上	50 以上
	牛	年出栏（头）	100～500（不含500）	500～1 000（不含1 000）	1 000 以上
		年产值（万元）	60 以上	300 以上	600 以上
		纯收入（万元）	10 以上	50 以上	100 以上
	羊	年出栏（头）	300～500（不含500）	500～1 000（不含1 000）	1 000 以上
		年产值（万元）	24 以上	40 以上	80 以上
		纯收入（万元）	6 以上	10 以上	20 以上
	家禽 蛋禽	年存栏（只）	5 000～10 000（不含10 000）	10 000～20 000（不含20 000）	20 000 以上
		年产值（万元）	50 以上	100 以上	200 以上
		纯收入（万元）	10 以上	20 以上	40 以上
	肉禽	年存栏（只）	10 000～50 000（不含50 000）	50 000～100 000（不含100 000）	100 000 以上
		年产值（万元）	20 以上	100 以上	200 以上
		纯收入（万元）	2 以上	10 以上	20 以上
	水产养殖	面积（亩）	20～50（不含50）	50～100（不含100）	100 以上
		年产值（万元）	10 以上	25 以上	50 以上
		纯收入（万元）	4 以上	10 以上	20 以上
	特种养殖	年产值（万元）	30 以上	100 以上	200 以上
		纯收入（万元）	10 以上	30 以上	60 以上

注：特色种植是指除粮油生产、设施农业之外的其他种植业；特种养殖指除家畜、家禽、水产养殖之外的其他养殖业。

（5）家庭农场经营者应具有初中以上文化程度，能定期接受农业技能培训。家庭农场经营活动有较为完整的财务收支记录。

（6）对其他农户开展农业生产有示范带动作用。围绕所从事产业，规模适度，相对集中连片，能推广使用新品种、新技术，机械化水平和生产标准化程度较高，品牌意识和产品市场竞争力较强。经营效益比普通农户经营高出20%以上。

（四）西北——甘肃省庄浪县家庭农场认定标准

2014年12月，甘肃省庄浪县政府出台《庄浪县家庭农场认定管理办法》。其中，对该县家庭农场的认定标准规定如下：

（1）家庭农场经营者具有农村户籍或者是农村集体经济组织成员，或是具有经营权的自然人，且在庄浪县境内从事农业生产。

（2）以家庭成员为主要劳动力，在农场内常年固定从业的家庭成员不少于2人，无常年雇工或常年雇工数量不超过家庭务农人员数量。

（3）以农业收入为家庭主要经济来源，即农业净收入占家庭经济收入的80%以上。

（4）拥有从事农场生产经营的场地，经营规模保持相对稳定。农场用地应是依法取得、合法拥有、能够提供有效证明的土地，既可以是家庭承包经营土地，也可以是经营权流转获得的土地。流转的土地必须具有规范的土地流转合同，流转期限不低于5年。

①种植业：小麦、玉米、洋芋、杂粮及油料种植集中连片，面积在100亩以上；

中药材种植集中连片，面积100亩以上；

瓜菜露地种植集中连片，面积50亩以上；

苗木培育集中连片，面积在50亩以上；

苹果集中连片，面积在20亩以上；

设施蔬菜面积在10亩以上；

食用菌生产设施面积5亩以上。

②畜牧业：肉牛年存栏、年出栏均在 100 头以上；

奶牛年存栏 50 头以上；

商品猪年存栏、年出栏均在 1 000 头以上；

鸡年出栏 10 000 只以上；

其他特色规模养殖（包括水产业）年产值 100 万元以上。

③综合性家庭农场：进行种、养综合经营的家庭农场，经营面积 100 亩以上。

（5）拥有与生产经营相适应的生产设施，具备基本的办公设备，有必要的规章制度，有较完整的生产经营情况和财务收支记录。

（6）家庭农场经营者应接受过农业技能培训，具备相应的生产经营能力。

（7）对其他农户开展农业生产有示范带动作用。

二、家庭农场的申报

由于刚刚起步，家庭农场的培育发展还有一个循序渐进的过程。国家鼓励有条件的地方率先建立家庭农场注册登记制度，与认定标准一样，国家没有对家庭农场的申报程序做出明确规定，而是各地区根据国家相关法律、法规规定和农业生产实际情况，制定地方家庭农场申报程序（见图 5-1）。

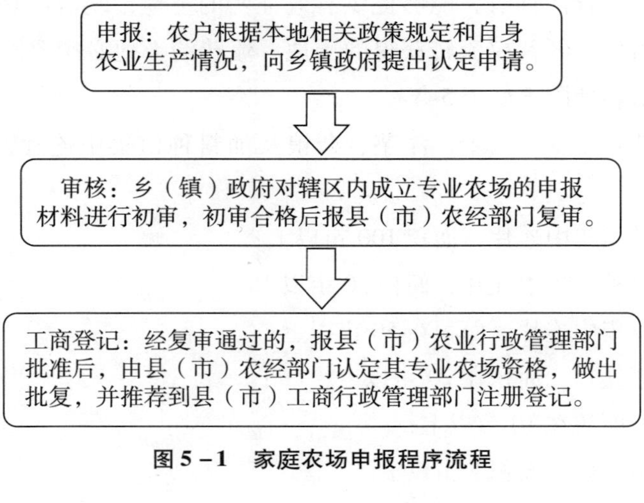

申报：农户根据本地相关政策规定和自身农业生产情况，向乡镇政府提出认定申请。

审核：乡（镇）政府对辖区内成立专业农场的申报材料进行初审，初审合格后报县（市）农经部门复审。

工商登记：经复审通过的，报县（市）农业行政管理部门批准后，由县（市）农经部门认定其专业农场资格，做出批复，并推荐到县（市）工商行政管理部门注册登记。

图 5-1　家庭农场申报程序流程

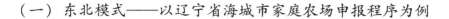

（一）东北模式——以辽宁省海城市家庭农场申报程序为例

2014 年 3 月，辽宁省海城市政府出台了《海城市发展农村家庭农场实施意见（试行）的通知》。其中，对该市家庭农场的申报程序规定如下：

（1）符合条件的农户，本着自愿原则向当地镇（区）农经部门提出申请。

（2）由农经部门组织人员现场勘察认定，填写《海城市家庭农场认定申请表》，并签署意见。

（3）农户持签署意见的《海城市家庭农场认定申请表》，向当地工商部门申请注册登记，申领个体工商户或个人独资企业营业执照。

（4）个体工商户组织形式应为家庭经营，并将参与经营家庭成员备案。个人独资企业投资人在申请企业设立登记时应明确以其家庭共有财产作为出资，以家庭共有财产对企业债务承担无限责任。

（二）华北模式——以山东省诸城市家庭农场申报程序为例

2013 年 4 月，山东省诸城市政府出台了《诸城市鼓励扶持家庭农场建设的暂行办法》。其中，对该市家庭农场的申报程序规定如下：

（1）核准。申请办理家庭农场登记的，须先到工商部门登记窗口办理名称预先核准，凭"名称预先核准通知书"到有关部门取得资格认定。

（2）申报。申报单位对照家庭农场申报条件，填报《家庭农场申请表》，随报有关证明材料，向所在镇街主管部门提出申请，镇街主管部门对农场所报材料进行审核、筛选，以镇街为单位向市委农工办报送审核材料。

（3）认定。主管部门根据镇街申报材料进行汇总，提出初审意见，会同相关部门进行实地考察、审查、综合评价，提出认定意见，由市委农工办发文公布，颁发"诸城市家庭农场"资格证。

（4）工商登记。获得市级主管部门资格认定的家庭农场，按照自愿的原则，可到诸城市或以上工商部门办理工商登记，获得法人资格。工商部门要适当放宽家庭农场注册登记条件，实行免费注册登记。

（5）符合标准的家庭农场，需填报如下申报材料：①家庭农场申报表并盖章；②家庭农场基本情况；③土地承包、土地流转合同；④生产经营有关账簿；⑤家庭农场内固定的从业人员户口簿复印件和身份证复印件；⑥工商部门的名称预先核准通知书；⑦产品认证的相关证明材料。

（三）南方——以安徽省亳州市家庭农场申报程序为例

2013年7月，安徽省亳州市农业委员会出台《亳州市家庭农场认定管理暂行办法》的通知，其中，对该市家庭农场的申报程序规定如下：

（1）申报。符合条件的农业经营者对照家庭农场申报条件，填报《亳州市家庭农场认定申请表》，随报有关材料，向所在乡镇政府（街道办事处）提出申请。

（2）初审。乡镇政府（街道办事处）对照家庭农场认定标准，采取实地考察等方式，对所申报的家庭农场进行初审，符合条件的盖章确认，并报县区农委（农经局）审核认定。

（3）认定。县区农委（农经局）对申请材料进行审查，提出认定意见。对符合标准的家庭农场，由农业主管部门颁发家庭农场资格证。

（4）符合条件的家庭农场，需填报如下申报材料：①亳州市家庭农场申报表；②家庭农场经营者身份证复印件；③家庭农场经营者户口簿复印件；④土地承包、土地流转合同复印件；⑤从事畜禽养殖的家庭农场需提交《动物防疫条件合格证》复印件；⑥家庭农场相关制度；⑦其他能反映家庭农场生产经营现状的材料。

（四）西北——以甘肃省庄浪县家庭农场申报程序为例

2014年12月，甘肃省庄浪县政府出台了《庄浪县家庭农场认定管理办法》。其中，对该县家庭农场的申报程序规定如下：

（1）申请。符合家庭农场申报条件和标准的，场主先向辖区所在地村委会、乡镇人民政府提出申请，并提交相关证明材料，填写《庄浪县家庭农场认定审批表》（见表5-2）。

表 5 - 2 庄浪县家庭农场认定审批表

<table>
<tr><td rowspan="6">申报家庭农场概况</td><td>农场名称</td><td></td><td></td><td></td><td>所在地址</td><td></td><td></td><td></td></tr>
<tr><td>场主姓名</td><td></td><td>性别</td><td></td><td>年龄</td><td></td><td>身份证号</td><td></td></tr>
<tr><td>籍贯</td><td></td><td colspan="2"></td><td>家庭常年务工人数</td><td></td><td>联系电话</td><td></td></tr>
<tr><td>农场经营的主业及主要产品</td><td></td><td colspan="2"></td><td>生产规模（亩、头、只）</td><td></td><td></td><td></td></tr>
<tr><td>家庭承包土地经营权证书登记号</td><td></td><td colspan="2"></td><td>家庭承包经营土地面积（亩）</td><td></td><td></td><td></td></tr>
<tr><td>土地流转合同名称</td><td></td><td colspan="2"></td><td>土地流转期限</td><td>年 月 日至
年 月 日</td><td>流转面积（亩）</td><td></td></tr>
<tr><td colspan="9">农场所在行政村意见：

年 月 日（公章）　　　　　　　农场所在乡镇人民政府意见：

年 月 日（公章）</td></tr>
<tr><td colspan="9">县农经站意见：

年 月 日（公章）　　　　　　　县农牧局意见：

年 月 日（公章）</td></tr>
</table>

（2）审核。乡镇初审无误后，报县农业经营管理站复审，经过实地考察，复审通过的，报县农牧局审核认定，登记备案，并做出认定资格批复。

（3）公示。经认定的家庭农场向社会进行公示。公示后如无异议，由县农牧局发文公布名单，并颁发证书。并由县农业经营管理站、乡镇人民政府建立相关档案，实行备案管理。

（4）工商登记。家庭农场根据生产经营情况需要办理工商登记注册的

（家庭农场名称：行政区划（乡村名）＋字号＋家庭农场），由县农牧局提供相关证明。办理了工商登记注册的家庭农场，自营业执照颁发之日起 30 日内持营业执照正副本到县农业经营管理站备案。

（5）考核。对认定的家庭农场，由县农牧局牵头组织，县农业经营管理站具体负责，从生产规模、经营状况、示范带动、社会声誉、遵法守纪等方面量化打分；县上每年评选一批生产经营好、示范带动作用强、社会声誉优的为县级示范性家庭农场，优先享受国家有关扶持政策，并结合发改、财政、扶贫等部门项目情况给予一定补助，予以表彰奖励，由县农牧局推荐其参加省、市级示范性家庭农场评选。

（资料来源：中国农经信息网，2015 年 1 月 7 日）

🌳 **动动脑**

1. 各地家庭农场认定标准、申报程序有哪些共同点？

2. 各地家庭农场有着不同的认定标准、申报程序，就此有哪些优点和缺点？

第二节　家庭农场主的素质与培养

🌳 **案例导入**

江苏省盱眙县一个家庭农场的成功之路

"我愿意来种地"

朱新成的家庭小农场位于维桥乡大桥村大街组，2012 年秋天，朱新成以每年每亩 680 元承包了 385 亩地，承包期 15 年。朱新成告诉记者，办家庭农场不是一时起意，他本身是农村人，对于土地有着很深的感情，正好国家有鼓励家庭农场的政策，经过一番思索，就拿出了做生意积攒的本钱承包了村里的土地。

听说朱新成要来包地种田，大家都毫不犹豫地将手里的地都拿出来交给

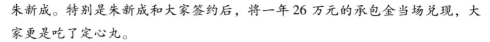

朱新成。特别是朱新成和大家签约后，将一年 26 万元的承包金当场兑现，大家更是吃了定心丸。

"我肯摸索种地"

朱新成签约并将承包金当场兑现后，立即着手平整土地，他租了两台推土机、两台挖土机、一辆运输车，每整好一块地就播种一块地，做到整地播种两不误。平整土地、基础配套等工作有条不紊地开展的同时，让他的家庭农场有了极大的变化，也让大家看到了他种田的思路。小田变成了大田。朱新成统一规划，低产田变稳产田。旱地、低洼地通过平整，原来高差一两米的低产田均变成了高低基本一致的稻麦两熟的稳产农田；排灌变畅通。

都说不打无准备之仗，在朱新成看来种田也是如此，他在开办家庭农场前就对下一步的工作进行了预估，种田需要资金的投入也需要技术的支持。在他的家庭农场未产生效益之前，承包土地、土地平整、基础配套等他一下子就拿出了上百万的资金，与此同时，基于自己已有的种田经验，朱新成还通过向种田能手请教，参加县农校、泰州牧校专题学习等，摸索新的适应家庭农场发展的新路子。

"我能种好田地"

朱新成向记者展示了他的账本，家庭农场第一年播种宁麦 13 小麦 385 亩，总产 31 万斤，收入计 36 万元；机插淮稻 5 号水稻 385 亩，总产 48 万斤，收入计 67 万元；加上大豆 4 000 斤，收入 1 万元，全年农业收入 104 万元。除去承包费 26 万元，基建 44 万元，农本 53 万元，这一年超支 19 万元。第二年小麦产量 36.5 万斤，收入计 43 万元；水稻 48 万斤，收入计 67 万元；大豆 4 000 斤，收入计 1 万元，全年收入 111 万元，除去承包费 26 万元，基建 4 万元，农本 52 万元，获利 29 万元。弥补了上年透支 19 万元，还能盈余 10 万元。

"本来做好准备前三年亏损，到第四年才见利的准备，现在才两年，家庭农场就有了收益，我感觉这条路走对了！"看着冬日暖阳照射下的家庭农场，他又开始谋算着新一年的农事。稻麦产量已经到了一个较高的水平，想要大幅提高农场收入，还要靠科技创新发展，朱新成计划着将来在有机农业、优质农业方面找出路，让他家庭农场更高效、更符合未来农业的发展方向。

（**资料来源**：江苏农业网，2015 年 2 月 15 日 ）

🌳 **案例思考**

从朱新成身上，我们看到作为家庭农场主应具备哪些素质？

一、家庭农场主的素质

由于家庭农场的经营更像一个生产车间或小型企业，因此对于家庭农场主的素质要求重点不在于其生产技能的高低，而更加偏重其管理能力的高低。根据管理学大师亨利·明茨伯格（Henry Minzberg）的管理者角色论，结合家庭农场经营的特点，家庭农场主应扮演以下几个角色（见图 5 – 2）：

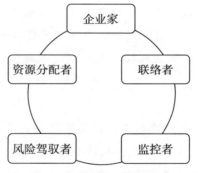

图 5 – 2　家庭农场主的角色构成

（一）企业家

在 2014 年农业部出台的《关于促进家庭农场发展的指导意见》中规定，家庭农场可由投资人根据自身条件和发展需要，自行在公司、个人独资企业、合伙企业、个体工商户四种组织形式中选择决定。这四种形式中，除个体工商户以外，其他均为企业形式。由此可见家庭农场的发展更向"企业化"方向发展。因此家庭农场主不再是传统意义上的农民，而是具有企业家素质的"新型农民"。

（二）联络者

家庭农场主是生产与销售的联络者，是土地与市场的联络者，是生产者与消费者的联络者。家庭农场主不仅要维护家庭农场自行发展起来的外部接触和联系网络，同时要向家庭农场内部传递外部的相关信息。应通过分析农业市场供需情况，掌握有用的市场信息，利用自身的专业知识和生产经验，及时应对农业市场风险，获得农场利益的最大化。

（三）监控者

由于家庭农场的生产会出现农忙性的、短暂性的雇工，且农业生产的各个环节都需要农场主进行把握和监控，因此农场主的职务主要是对整个宏观生产经营活动的监控和对人力资源的监控。宏观生产经营活动的监控包括：制订生产计划，生产资料的购买，农产品的销售等。这就要求农场主寻求和获取各种特定的信息（其中许多是即时的），更透彻地了解环境，做出生产经营决策并实施监控。人力资源的监控包括：劳动力雇佣、培训、激励和发放工资等。这要求农场主具备人力资源管理的基本知识和技能技巧。

（四）风险驾驭者

农业生产具有其先天的弱质性，抗风险能力低，家庭农场也不例外，尤其是当农场发展到一定规模的情况下，一旦发生自然风险（干旱、冰雹、洪水等）或市场风险（农产品滞销，农产品价格下降等），给家庭农场生产经营活动的正常进行带来的损失是不可估量的。当家庭农场的生产经营面临重大的损失之前，要求农场主要有风险预见能力，并采取相关措施，积极应对风险，使损失降到最低；当风险已经发生时，要求农场主临危不乱，采取补救行动、制定战略，度过艰难的时期，并在下一次生产经营活动中尽量避免非自然风险。

（五）资源分配者

家庭农场的生产经营活动相比传统农业生产有着很大的区别，很重要的一方面就体现在家庭农场所运用到的农业资源和非农业资源更多更广。它不仅包括农业生产的基本资源，如土地、劳动、农药化肥、农机水利等；还包括市场资源，如运输业、互联网、加工业等。农场主作为"一家之主"，其决策要做到各类资源的优化配置，不仅要减少生产成本和中间成本，还需提升品牌的知名度和信誉度。

二、家庭农场主的培养

要培养大批高素质的农场主，需要政府尽快探索培养农场主的制度安排和政策跟进的有效途径，，需要社会各界的共同关注，需要调动全社会的农业教育培训资源。

（一）培养模式

1. 按培训时间划分

从培训时间上看，有短期和长期两种。根据农业生产的季节性特点，农忙季节的农场主培训以短期为主，农闲季节可以适当长期为主。

2. 按培训方式划分

从培训的方式看，农场主培训有讲座培训、观摩培训和电话自助培训等。

3. 按培训目的划分

从培训的具体目的看，家庭农场主的培训主要包括：

入门培训——对没有办家庭农场相关经验，但准备兴办的农户进行的培训；

提升培训——对已经在办家庭农场的农场主，为提升其经营管理水平，而进行的专门的知识和技术的培训。

证书培训——为配合国家对新型职业农民持证上岗的发展趋势，针对性地展开相关考试培训。

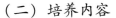

（二）培养内容

1. 思想观念教育

在过去很长一段时间内，"农民"成了贫穷落后的代名词，农村中的年轻人以"在家务农"为耻，以"进城务工"为荣，青年农民留守从事农业生产甚至成为"无能"的代名词。中国要强，农业必须强；中国要美，农村必须美；中国要富，农民必须富。要让农业成为有奔头的产业，让农民成为体面的职业。这一思想观念应通过培育，渗透到特别是年轻一代中，并让国家农业发展后继有人。要培育农场主自我发展的主动意识，认识到自己是家庭农场的主人，农场的经营主体是自己，发展主要靠自己，积极主动地发展家庭农场实现增收致富。

2. 职业素养教育

职业素养是指职业内在的规范、要求以及提升，是在职业过程中表现出来的综合品质，包括职业道德、职业技能、职业行为、职业作风和职业意识规范，以及时间管理能力、有效沟通能力、团队协作能力、敬业与团队精神等。家庭农场作为新型农业经营主体之一，肩负着"谁种田"和"如何种"的重任，要从技术技能、创业技能、政策法规、管理技能、科技信息、产业分析等方面对家庭农场主进行系统培训，提升家庭农场主的职业素养。同时，要通过对十八届三中全会关于全面深化农村改革相关政策的解读、培训和辅导，增强家庭农场主依法规政策创办、发展家庭农场的自觉性。

（三）培养手段

1. 基础教育与高等教育

提高农场主的素质，教育是根本。政府应高度重视农村基础教育，加大农村教育投资，缩小区域投入差距，各地区政府尤其是经济相对落后的地区应巩固国家"九年制义务教育"成果，逐步普及高中教育，积极引导农村居民家庭增加对子女的人力资本投资和文化教育消费。同时，加强农业高等职业技术教育和高等教育。一方面转变现有的职业中专的办学方向，加大涉农专业的比重，另一方面，提升农业高等院校和专业办学质量

2. 职业资格教育

职业资格是对从事某一职业所必备的学识、技术和能力的基本要求。在发达国家，家庭农场主一般必须经过相关考试，获取职业资格证书，才能开办或经营家庭农场。在我国，家庭农场的职业资格教育可逐步推行，并在不远的将来也落实为一项制度，以整体提高中国农民的整体素质，提升家庭农场主的职业荣誉感和责任感。

德国的农业职业教育的学制一般为 3 年，理论学习时间占 1/3，生产实践占 2/3。在生产实践和理论学习达到联邦法要求的资格后，学生需要参加全德的农业职业资格考试，考试合格人员取得农业职业资格证书方能成为农业工人。3 年的农业职业教育毕业获取初级农民资格后，要经过 5 年的生产实践并经过国家考试合格，才能取得农业师傅资格，方才能独立经营农场。

（资料来源：中国经济时报 2014 年 7 月 28 日）

3. 继续教育

继续教育是一种特殊形式的教育，主要是对家庭农场主的知识和技能进行更新、补充、拓展和提高，进一步完善知识结构，提高创造力和农场经营管理水平。可采取讲座、培训、国内外研修等多种方式展开。

日本的国内研修制度始于 20 世纪 60 年代初，由社团法人全国农场青少年教育振兴会组织实施，是日本重要的农民职业教育手段之一。具

体做法是把 30 岁以下的务农青年，以及即将务农的青年派到国内具"指导农业士"资格的先进农户、农业生产单位或流通、农产品加工等企业，通过 3～6 个月同吃、同住、同老师，在实践中掌握先进的技术和经验。日本的国外研修制度始于 20 世纪 50 年代，是把日本的务农青年作为实习生或进修生派往欧美等先进国家的农户或团体去学习，由国际农业者交流协会和全国农村青少年教育振兴会组织实施。

（**资料来源：内蒙古教育·职教版，2013 年 5 月**）

🌳 **动动脑**

1. 家庭农场主的素质中哪个最重要？为什么？
2. 如何培养家庭农场主？

第三节　家庭农场的经营策略

🌳 **案例导入**

崇明港沿镇惠军村探索"合作社 + 家庭农场"的
新型农业发展模式

农场主负责把地种好

港沿镇惠军村有 3500 亩农田实现了流转，这些土地以往承包给当地的上海齐茂粮食专业合作社，现在全交给 31 户家庭农场管理，且被打理得井井有条。当被问及办好家庭农场的"秘诀"时，家庭农场主们将其归结为"合作社 + 家庭农场"的新型农业发展模式。

在这种模式中，家庭农场是合作社的生产阵地，按照合作社的要求生产符合标准的农产品，经营事务则由合作社负责。同时，合作社还负责生产环节前后的一系列服务工作，即在农资、机械、技术等多方面给予家庭农场支持与帮助。"农药绿肥用多少量，全按照合作社对农场土地统一测土配方施肥，很科学。"除了农业标准化生产水平，合作社的农业基础设施水平、综合机械化水平都得到大幅提升。"

合作社关注产品营销

2013 年年初，宋永久积极响应中央、市县鼓励创办家庭农场的政策，决定将齐茂合作社与家庭农场"融合"发展。这也是上海齐茂粮食专业合作社在探索多元创新发展中的一次有益尝试。原先合作社承包的农田现已交由 31 户家庭农场主经营，每家规模不等，以种植水稻、小麦为主，且全部按照合作社的"五统"管理方式运作，即统一布局、统一品种、统一技术、统一农资、统一收购。

这种管理方式对合作社而言，有不少好处。宋永久告诉记者，"以前合作社需要把关到'田头'，但因规模较大，不仅耗时耗力，且管理效果难免打折扣。如今各项要求只需通知各家庭农场主即可，这样一来，合作社在生产环节'自我减压'，就能腾出更多精力关注产品营销。产品销售好了，还能激发家庭农场主的积极性，形成良性循环。"

（资料来源：崇明县政府网站，2015 年 4 月 16 日）

🌳 **案例思考**

案例中的家庭农场经营策略有哪些？

作为新型农业经营主体，家庭农场不仅仅从事农产品的生产，更多的是农业的经营，主要包括产前、产中、产后的经营管理。家庭农场的经营策略包括土地经营策略、生产策略、营销策略和共赢策略等。

一、土地经营策略

（一）土地流转策略

土地顺利流转是家庭农场产生和发展的前提。根据农业部统计数据，截至 2014 年 6 月底，我国全国农村承包耕地流转面积达 3.8 亿亩，占承包耕地总面积的比例提高 2.8 个百分点至 28.8%，比 2013 年上半年增加了 0.4 亿亩。在我国《关于促进家庭农场发展的指导意见》中指出要引导承包土地向

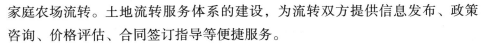

家庭农场流转。土地流转服务体系的建设，为流转双方提供信息发布、政策咨询、价格评估、合同签订指导等便捷服务。

家庭农场经营者可以通过实物计租货币结算、租金动态调整、土地经营权入股保底分红等利益分配方式，稳定土地流转关系，形成适度的土地经营规模。有条件的地方将土地确权登记、互换并地与农田基础设施建设相结合，整合高标准农田建设等项目资金，建设成方连片、旱涝保收的农田，为保证家庭农场的规模经营提供了保障。中国国务院曾表示，要鼓励创新农村土地流转形式，健全土地承包经营权登记制度，并稳步推进土地经营权抵押、担保试点，探索建立抵押资产处置机制。

（二）土地规模经营策略

我国正处于家庭农场规模化经营的初期阶段，如何确保适度规模经营是家庭农场在处理"规模化"经营中容易出错的方面。根据规模效应理论，土地经营规模扩大到一定程度，其生产、管理成本下降，从而利润上升。然而对于抗风险能力低的农业生产，土地规模大就意味着经营风险大，因此家庭农场主要坚决把握住土地规模的适度性。

家庭农场的规模大小要以农场的比较效益和农业的综合效益为衡量标准，应与一个家庭所能承担的能力范围为限，应与当地农业的劳动生产率和机械化水平相匹配，以资源利用效率的科学化，劳动生产率和土地利用率的最大化为标准，因地制宜，科学划定适度规模。

表 5 - 3　2013 年湖北省襄阳市各类种养户（包括家庭农场）规模和数量情况

分类	细类	小型专业户规模	户数	中型专业户规模	户数	大型专业户规模	户数
种植业类		100～200 亩	806	200～500 亩	169	500 亩以上	44
经济作物类	设施种植	5～20 亩	5	20～50 亩	7	50 亩以上	4
	特色种植	30～100 亩	670	100～200 亩	97	200 亩以上	185
	食用菌	5～10	21	10～20	7	20 亩以上	6

（续表）

分类	细类	小型专业户规模	户数	中型专业户规模	户数	大型专业户规模	户数
畜牧类	猪	200～500 头	2125	500～3 000 头	1 296	3 000 头以上	215
	牛	30～100 头	641	100～300 头	199	300 头以上	40
	羊	100～300 头	802	300～500 头	257	500 头以上	72
	蛋禽	2 000～5 000 只	531	5 000～10 000 只	339	10 000 只以上	370
	肉禽	10 000～50 000 只	533	50 000～100 000 只	239	100 000 只以上	100
	特种养殖		116		6		1
农机、水产类			897				
合计			10 800	6 250		2 616	1 037

资料来源：湖北省襄阳市农业委员会

二、生产策略

（一）禀赋优势策略

1. 自然禀赋策略

农场主选择种植或养殖的品种，首先看当地的农业自然秉性，气候条件，考虑土地性质及土壤情况，当地的温度，结合当地自然情况选择农业产业。根据地光温水土等方面的农业资源状况，并以此为基础，合理安排农场的农作物种植、畜禽养殖、规模以及种养结合模式，以充分利用农业资源和挖掘优势资源，并大力发展地理标志产品。

2. 土特化生产策略

改革开放以来，人们的消费需求从盲目崇洋转向崇尚自然野味，热衷土特产品，蔬菜要吃野菜。市场需求要求搞好地方传统土特产品的开发，发展品质优良、风味独特的土特产品，以特优质产品抢占市场，开拓市场，不断适应变化着的市场需求。家庭农场的土特化生产不仅能够充分利用当地的自然资源，人文资源，节约生产成本，而且增加了农产品的附加值和名牌效应。

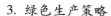

3. 绿色生产策略

根据家庭农场的实际情况，有选择性地生产和发展无公害农产品、绿色食品和有机食品，以提高家庭农场的市场竞争力，满足消费者需求。在农业生产过程中采取绿色生产策略，减少农药化肥的使用量，使用有机肥等低污染的肥料，采用新型农业科学技术进行生产，提高农产品的数量和质量。

（二）市场导向策略

1. 大市场化策略

家庭农场农产品的生产和销售要立足本地，不仅要关注身边市场，更要着眼国内外大市场，开辟空白市场，拓展销售空间。要树立大市场观念，实行"大市场细分化"策略，定准产品销售地域，按照销售地的消费习惯，生产适销对路的产品。

2. 多品种化策略

农产品消费需求的多样化决定了生产品种的多样化，一个产品不仅要有多种品质，而且要有多种规格。农场主可通过引进、开发和推广一批"名、特、优、新、稀"品种，以新品种，引导新需求，开拓新市场。同时要根据市场需求和客户要求，生产适销对路，各种规格的产品。如螃蟹要生产大规格的蟹，西瓜要生产小个子的瓜。要实行"多品种、多规格、小批量、大规模"策略，满足多层次的消费需求，开发全方位的市场，化解市场风险，提高综合效益。

3. 反季节化策略

因农产品生产的季节性与市场需求的均衡性的矛盾带来的季节差价，蕴藏着巨大的商机。要开发和利用好这一商机，关键是要实行"反季节供给高差价赚取"策略。实行反季节供给，主要有三条途径：

一是实行设施化种养，使产品提前上市；

二是通过储藏保鲜，延长农产品销售期，变生产旺季销售为生产淡季销售或消费旺季销售；

三是开发适应不同季节生产的品种，实行多品种错季生产上市。

实施反季节营销策略，要在分析预测市场预期价格的基础上，搞好投入产出效益分析，争取好的收益。

（三）政策导向策略

农业是政策性行业，农业的发展离不开政策的保障。尤其对于农业的经营者来说，如果能获得政策的支持，既可以降低经营风险，又能保证农业项目快速落地实施。因此，在选择农业项目时，可以考虑选择国家十二五、十三五或当地区县发展主导扶持的项目，这类项目往往延续性更强，且执行力更强。如2015年中央一号文件中重点提出："强化对粮食主产省和主产县的政策倾斜"，这已是国家连续数年将粮食作为重点扶持对象。从政策角度看，投资粮食产业具有保障性，价格由政府兜底。因此家庭农场主在选择生产内容的方面可以优先选择粮食类作物。

三、营销策略

（一）渠道策略

1. 分销渠道策略

即运用多种分销渠道综合地推销自己的产品，通过批发商把产品分布到各零售点，销售面十分广泛，竞争性特别强。由于大多数农产品及其加工品是人们日常的生活必需品，具有同质性特点，因此该策略适合多数家庭农场。

2. 选择性分销渠道策略

即在一定地区或市场内，家庭农场有选择地确定少数几家中间商销售自己的产品，而不是把所有愿意经营这种产品的中间商都纳入自己的销售渠道中来。这主要适合于一些名牌产品的销售。这样做，有利于调动中间商的积极性，同时使生产者集中力量与之建立较密切的业务关系。

3. 专营性分销渠道策略

即在特定的市场内，家庭农场只使用一个声誉好的批发商或零售商推销自己的产品。这种策略多适用于高档的加工品或试销新产品。由于只给一个中间商经营特权，所以既能避免中间商之间的相互竞争，又能使之专心致志，推销自己的产品。

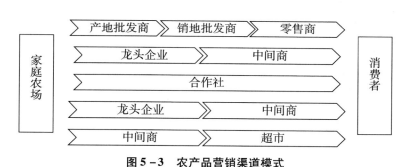

图 5 - 3　农产品营销渠道模式

4. 网络渠道策略

即具备条件的家庭农场可积极开展电子商务。电子商务是通过电子数据传输技术开展的商务活动，能够消除传统商务活动中信息传递与交流的时空障碍。农业是典型的传统行业，具有地域性强、季节性强、产品的标准化程度低、生产者分散且素质较低等特点，具有较大的自然风险和市场风险。通过电子商务交易平台，不仅可以拉近生产者和消费者之间的距离，使农产品不再因为地域原因而滞销，还可以简化中间环节，增加家庭农场收益。农场要针对消费者偏好，调整现有产品形态，利用网络特性，提高知名度。

（二）品牌策略

1. 品牌提供者策略

家庭农场运用品牌策略，决定使用品牌以后，就需要决定是用自己的品牌还是别人的品牌。家庭农场可有三种选择：一是农场可以决定使用自己的商标，称为"生产者品牌"、"制造商品牌"或"全国性品牌"。二是农场决定将自己产品大批量卖给中间商，这些中间商再用自己的品牌转卖出去，称为"中间商品牌"或"私人品牌"。三是农场决定有些产品用自己的品牌，有些产品用中间商品牌。

2. 品牌名称策略

家庭农场使用自己的品牌后，还可采取差别品牌策略、统一品牌策略、个别分类策略、个别品牌与企业名称相结合策略、企业名称与产品品牌合一策略等，确定品牌的具体名称。

3. 品牌拓展策略

品牌拓展策略包括延伸品牌策略和品牌创新策略。

（1）延伸品牌策略

如果原有的品牌市场情况很好，推出新的产品就可采用原有品牌，即家庭农场利用市场上已有一定声誉的品牌，增加新产品或革新产品，或延伸出不同功能特点、不同质量水平、不同规格甚至不同包装和造型的产品的策略，以满足顾客多元化的需求。采用这种策略既能节约宣传成本，又能迅速打开新产品的销售，但要求延伸产品的品质必须符合在市场上已有较高声誉的品牌要求。

（2）品牌创新策略

家庭农场通过改进或合并原有品牌而设立新品牌的策略。品牌创新可以渐变也可突变。渐变是指新品牌与旧品牌设计接近，随着市场发展而逐渐进

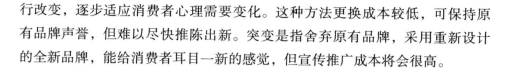

行改变，逐步适应消费者心理需要变化。这种方法更换成本较低，可保持原有品牌声誉，但难以尽快推陈出新。突变是指舍弃原有品牌，采用重新设计的全新品牌，能给消费者耳目一新的感觉，但宣传推广成本将会很高。

（三）加工策略

1. 标准化策略

农产品标准化，就是指运用"统一、简化、协调、优选"的原则，对农产品生产的全过程，通过制定标准、实施标准以及对标准的实施进行有效监督，提升产品质量，从而提高效益和市场竞争力。农产品标准化就是农业生产的科学化、系统化。它既是一种经济管理手段，也是一项基础性技术手段。尤其是作为具有规模化经营的家庭农场而言，实行标准化经营，能降低生产成本，提高产品产量，有利于实现品牌化。

2. 初加工策略

农产品初加工是指对农产品一次性的不涉及农产品内在成分改变的加工，即对收获的各种农新产品（包括纺织纤维原料）进行去籽、净化、分类、晒干、剥皮、沤软或大批包装以提供初级市场的服务活动，以及其他农新产品的初加工活动。发展农产品加工，既是满足市场的需要，也是提高农产品附加值的需要。世界发达国家农产品的加工品占其生产总量的90%，加工后增值2~3倍；我国加工品只占其总量的25%，增值25%，因此农产品加工潜力巨大。家庭农场的经营应该在延伸产业链条方面加以重视，初级产品加工过程简单、环节单一、标准较低，因此可以在家庭农场内部完成。农场主在进行农产品销售时进行简单的初加工，既能保持产品的性能，又能提升产品的价值。

3. 包装策略

随着现代流通方式的发展，农产品包装将成为必然趋势。现在发达国家的农产品是"一流的产品,一流的包装,一流的价格"。通过包装增值,提高农产品的品位,增强市场竞争力。同样的产品,通过简单包装就能明显起到增值的效果。农产品包装的改进,必须在材料选择、包装设计等方面充分考虑农副产品的特性、销售市场的特点、消费者的消费心理等因素,从而使包装与产品完美地结合,达到促进销售的目的。

(四) 价格策略

1. 市场价格策略

随着我国逐渐进入市场经济阶段,我国农产品价格形成机制逐步实现了市场定价原则,因此大宗农产品价格以市场定价为主。由于一般农产品差别不是很大,价格太高消费者会嫌贵,价格太低消费者会产生怀疑心理,因此家庭农场可以把农产品价格保持在同行业平均价格水平上,这种定价方法既能保证农产品的销售,又能降低经营风险。

2. 政府价格策略

2014 年中央一号文件提出要"完善粮食等重要农产品价格形成机制","继续坚持市场定价原则,探索推进农产品价格形成机制与政府补贴脱钩的改革,逐步建立农产品目标价格制度,在市场价格过高时补贴低收入消费者,在市场价格低于目标价格时按差价补贴生产者,切实保证农民收益"。按照中央一号文件精神,今后我国将按照市场定价、价补分离原则,推进完善粮食等重要农产品的价格形成机制,逐步建立目标价格制度。

所谓目标价格补贴,指政府事先确定农产品的目标价格,当该农产品实际市场价格低于目标价格时,政府按照两者之间的差价补贴农产品生产者,保证其基本收益;若该农产品实际市场价格高于目标价格,则不需启动目标价格补贴政策。为保证农产品正常销售和农民的利益,政府会根据宏观经济环境对部分农产品进行价格保护策略,限制最低价格和最高价格。因此家庭农场可以根据政府定价制定生产策略和销售计划的实施,确保利润最大化。

四、共赢策略

（一）家庭农场＋家庭农场

家庭农场一般自主经营，很少互动，也缺少一个跟政府、金融等部门沟通的渠道。因此当家庭农场建设具备一定规模时，各个家庭农场的联合就成了趋势。家庭农场联合会的成立，给农场彼此之间以及跟金融、保险、担保公司、政府部门之间架起桥梁。

家庭农场联合会是由农场发起成立，一般由同一地区多个家庭农场、个别农机合作社、劳务合作社、植保合作社、测土施肥合作社等组成。在贷款、担保、保险、培训、社会服务等方面给会员提供帮助。同时，联合会给会员提供对接的销售信息等社会服务。将国家有关农产品生产、加工的政策和法律、法规普及给农场主，推行农业标准化生产。

江苏成立首家家庭农场联盟已有108家加入联盟

"家庭农场联盟不仅能提供金融支持，还有农业科技、信息化服务、品牌建设、农场管理、金融服务等导师团进行帮扶，可以推动家庭农场快速发展壮大。"谈及近日在江苏省宿迁市宿城区成立的江苏省首家家庭农场联盟，宿城区洋北镇国峰竹柳家庭农场主黄宝民难掩激动。

据悉，目前已有108家家庭农场加入该联盟。宿城区经农业部门认定的家庭农场已达650家，经过工商部门注册登记的家庭农场133家，家庭农场总经营耕地面积17.8万亩，占全区家庭承包经营耕地面积的35%。家庭农场联盟以家庭农场为主体，重点打造"125"综合服务体系，即通过建立家庭农场联盟这样一个平台，凝聚社会服务和公共服务两项资源，提供品牌、信息、金融、科技和管理五大支撑，从而为家庭农场建设发展提供立体式、全产业链综合服务，为家庭农场又好又快地发展奠定坚实基础。

（资料来源：中国农业新闻网，2015年1月20日）

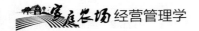

（二）家庭农场 + 合作社

在美国，一个农场平均要加入 4~5 个合作社，其他国家的农场也都纳入了以合作社为核心的产业链系统。因此，我国家庭农场的发展前景也是加入或牵头组建合作社。由于当前我国的农民合作社大都是农村能人带动或大户带动，因此，以家庭农场为核心、以小规模专业户为主体的合作社必然是未来我国农民合作社发展的重要趋势。

农民专业合作社以其成员及家庭农场为主要服务对象，提供农业生产资料的购买，农产品的销售、加工、运输、贮藏以及与农业生产经营有关的技术、信息等服务。在农村流通领域撮合成交或直接组织农产品交易，在企业和农户或家庭农场，在城市和农村之间搭建桥梁，有力推动家庭农场的市场化发展。

（三）家庭农场 + 农业企业

家庭农场与农业企业二者结合，使得交易成本和不确定性大大降低，在一定程度上形成利益共同体，创造了提高农民组织化程度和生成聚合规模经济的有效形式。

在农业产业化链条中，家庭农场具有低成本生产优势，负责生产过程的管理工作；农业企业在一定地点，集合劳力、土地、设备、资本和技术等生产要素从事经营活动，在利润动机和承担风险条件下能全程参与家庭农场的产前、产中、产后的经营过程，并带动家庭农场参与市场解决，提升整体发展。

习水县召开生猪"公司 + 家庭农场"合作户结算效果发布会

2 月 11 日下午，习水县生猪"公司 + 家庭农场"合作户结算效果发布会在良村镇农业服务中心召开。县农牧局、良村镇政府、习水德康农牧有限公司及生猪"公司 + 家庭农场"合作户 50 余人参加了此次发布会。

习水德康农牧有限公司经理吴柘韵首先介绍了我县首家出栏生猪的"公司＋家庭农场"合作户姜小林参与"公司＋家庭农场"的发展情况及取得的效果：姜小林第一批次共饲养生猪 361 头，出栏 347 头，出栏率达到 96.1%，饲养时间 144 天，出栏均重 230.5 斤，料肉比 2.44，对死亡率、料肉比、药费、饲养时间、出栏体重等指标进行综合衡量，共获得 73 018 元的代养费，每头的代养费达到 210.42 元。习水德康农牧有限公司当场按签订的合同兑现了代养费。姜小林在发布会上就自己参与"公司＋家庭农场"这一合作模式的情况向大家谈了切身体会和经验。良村镇政府副镇长段俊江介绍了良村镇开展生猪"公司＋家庭农场"的情况，并对相关优惠政策进行了宣传。习水县农牧局副局长穆林强调：召开此次发布会的目的是用事实说话，让大家了解我县生猪"公司＋家庭农场"的真实情况。生猪"公司＋家庭农场"这一模式是通过广泛探索而推广，是"公司＋农户"的升级和创新，是一种紧密型的合作模式；传统的饲养模式，农户只能"单打独斗"，往往力不从心，在发展中要遭遇许多问题和困难，采取"公司＋家庭农场"这一模式，农户可以有效地把各自的生产要素组织起来，"抱团取暖，携手同行，互利共赢"，在这一模式下，公司可发挥技术、市场、管理、资金等优势，农户不承担市场行情的风险，相互取长补短。穆林还对实施生猪"公司＋家庭农场"的政策作了介绍，他要求参与生猪"公司＋家庭农场"的农户加快进度，早建成，早见效，要按相关标准和要求建好生猪"公司＋家庭农场"，建成投产后要用心负责，加强管理，确保取得实效。

（**资料来源**：习水县人民政府网，2015 年 2 月 15 日）

（四）家庭农场＋合作社＋农业企业

家庭农场、合作社与农业企业构建体系体现了我国农业产业化经营发展方向，即产加销一条龙、贸工农一体化经营，把农业的产前、产中、产后环节有机地结合起来，使各环节参与主体真正形成风险共担、利益均沾、同兴衰、共命运的利益共同体。这也是农业产业化的实质所在。

合作社和农业企业通过专业化分工和服务体系的建构，为家庭农场提供产前、产中、产后服务。在产业化发展中，农场只负责生产，农业合作社则负责提供统一、全方位的服务，龙头企业处于市场竞争的最前沿，通过优化资本结构，采取兼并联合、股份改造等多种方式进行改制，不断增强自身的活力，取得更好的效益。

🌳 **动动脑**

1. 家庭农场的经营策略主要包括哪些？
2. 家庭农场的共赢策略包括哪些？分别如何实现共赢？

🌳 **链接案例**

浙江省台州市注册登记的家庭农场已达 880 家

"这些土豆平均批发价能卖到每公斤 12 元，亩产达到 600 公斤，是常规种植收入的好几倍。"今天上午，在台州市椒江区章安街道陈宅村陈宅家庭农场的土豆大棚里，农民们正在抢收成熟的土豆。农户陈桂金解释道，将土豆移进大棚内种植，土豆成熟期提前，上市早，产生了良好的经济效益。

据悉，该农场建于去年 1 月，占地 500 多亩，现拥有钢架大棚 200 多亩，是目前椒江区占地面积最大的家庭农场。自 2013 年中央一号文件首次提出发展家庭农场，鼓励和支持承包土地向家庭农场等新型经营主体流转的政策以来，家庭农场在台州大地如雨后春笋般发展起来，截至 2014 年 12 月底，台州全市已在工商部门注册登记的家庭农场有 880 家，注册资金近 53 281 万元，其经营范围已基本覆盖了全市种植业、养殖业、林业、海洋渔业等农业主导产业，涌现出椒江伟芳家庭农场、黄岩万景家庭农场、温岭市箬横江鑫家庭农场、三门县稞地农场等省级示范性家庭农场。

种养结合增效益

郭金芽是温岭市箬横喜乐家庭农场的农场主，她的家庭农场于 2013 年夏

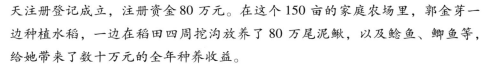

天注册登记成立，注册资金80万元。在这个150亩的家庭农场里，郭金芽一边种植水稻，一边在稻田四周挖沟放养了80万尾泥鳅，以及鲶鱼、鲫鱼等，给她带来了数十万元的全年种养收益。

无独有偶，椒江区章安街道陈宅村陈宅家庭农场也一边种植蔬菜，一边承包了近20亩鱼塘养鱼。目前，采用种养结合，循环利用的生态模式以增加经济效益，成为台州不少家庭农场的新选择。

据统计，在已注册的家庭农场中，从事种植业的有769家，占87.4%；从事养殖业的有111家，仅占12.6%。从家庭农场注册类型来看，属于个体经营的达到790家，占89.8%；属于公司化经营的有57家，占6.5%。

而从生产结构上来看，台州家庭农场仍以种养业为主，且占大头的依然是种植业。

瞄准观光做农业

在温岭市南国风情家庭农场的温室大棚里，木瓜、杨桃、火龙果、芭乐、菠萝等热带水果在这里茁壮成长。该农场由场长朱国士于2013年1月创办，引进了30个南方水果品种，常年为游客提供水果采摘、观光休闲。

而天台希望田野家庭农场也别具特色，种植了红心火龙果、杨桃、芒果、木瓜等十几个品种的热带水果，让游客自采自摘享受田园乐趣。临海市豪杰家庭农场通过健全停车场、原生态旅馆、垂钓水库、农家生活体验区等基础设施建设，将水果种植、生态养殖、立体种养等现代农业与园区旅游观光功能进行有机结合……

像这样的家庭农场，目前在台州正悄然兴起。他们通过发展生态观光农业，创建生态农业园区和无公害食品生产基地，满足城乡居民的消费需求，特别是满足都市居民价值观念更新、讲求生活质量、注重环境意识和回归自然的需求。

科技农业唱主角

对葡萄枝进行粉碎加工，与畜禽粪一起堆放发酵再施入葡萄园，进行葡萄枝生态还田技术研究；应用性诱剂、杀虫灯、黄板和生物农药防治害虫；铺设地膜降低棚内空气湿度、低毒杀菌剂抑制病害的综合防控技术，进行大棚葡萄绿色防控技术研究……这是温岭市滨海紫莹家庭农场开展的大棚葡萄绿色生态栽培技术研究内容。

与此同时，温岭市石桥头标送家庭农场也开展"桑蚕优质高效种养技术研究与示范"，旨在突破桑树一年两剪快速养成技术、桑园少施肥免除草技术、小蚕共育、大蚕大棚养殖、自动上簇技术和标准化蚕病综防技术等。

台州家庭农场把农业科技推广应用作为发展设施农业的加速器，着力品种引进推广、新技术应用，大力推广设施大棚、配方施肥、节水灌溉、立体种养等新技术。在新品种试验种植示范方面，台州家庭农场相继成功试种了紫背天槐、拇指黄瓜、草莓玉米、菜西瓜、黄皮西瓜、白茄子、绿茄子、韩研系列黄瓜，以及红富士、维多利亚、夏黑、黑色甜菜、美人指等果蔬新品种。

努力寻求新蝶变

2014 年上半年，位于椒江前所街道妥桥村的椒江伟芳家庭农场顺利领到了"椒江伟芳家庭农场有限公司"的营业执照，实现了家庭农场的转型升级。据了解，这是椒江区首家实现"个转企"的家庭农场。

椒江伟芳农场以前主要从事蔬菜水果种植、农业休闲观光等业务，因为规模小、知名度低，种植出来的蔬菜无人问津。该家庭农场转为公司化运作后，规模上档次了，产品销路也打开了，农业休闲观光项目吸引了大批游客。在看到伟芳家庭农场转型发生了巨大的变化后，椒江区其他 17 家家庭农场也纷纷转为公司制。

另外，台州市一些家庭农场致力于种养、加工、销售产业链的打造，确保消费者食用的农产品质量都是安全有保障的，大大增强了农产品的市场竞争力。椒江区章安街道陈宅家庭农场在工商部门注册了配送公司，并且向工商部门申请注册农产品商标。天台县希望田野家庭农场通过微博等新方式销售农产品，取得了不错的效果。椒江鸿勃家庭农场线上线下互动，利用淘宝店销售自家产的大米、杂粮、米皮、米糠和菜籽油，线下三区内送货上门，农场经营规模一年多就扩大了好几倍。

当地政府为扶持家庭农场的发展，也出台了不少优惠政策。台州市将个体户形式的家庭农场登记权限下移至基层工商所，并开辟绿色通道，提供登记注册"一站式"服务；出台了《示范性家庭农场认定管理办法（试行)》等。农业银行把针对家庭农场的信贷基准利率下调了10%，并推出一系列金融服务产品。这些扶持政策和措施，催生了台州家庭农场的快速发展。

（资料来源：中国农经信息网，2015 年 3 月 25 日）

🌳 **复习思考题**

1. 家庭农场的认定标准主要包括哪些方面？
2. 家庭农场的申报程序是怎样的？
3. 农产主应具备哪些素质？
4. 怎样培育新型家庭农场主？
5. 家庭农场的经营策略主要包括哪些方面？

第六章
家庭农场的管理

🌳 **本章要点**

1. 家庭农场财务管理的具体内容；

2. 家庭农场员工培训的原则与内容；

3. 家庭农场技术管理与技术引进的内容。

🌳 **关键词**

家庭农场；财务管理；人力资源管理；技术管理

第一节 家庭农场的财务管理

🌳 **案例导入**

湖北英山首个家庭农场主有了账房先生

一大早，湖北英山怀音家庭农场主安孝德就来到陶家河乡财政所。安孝德随身带来了一本流水账和一堆原始凭证，要在财政所副所长徐显峰指导下，完成农场第二季度财务报表。

2014年年初，按照家庭农场简易会计核算办法，财政所帮安孝德建立了核算账簿，对每个季度经营收入、支出进行逐笔记账核算。负责农村财务的徐显峰成了怀音农场的"账房先生"。

2013年8月，安孝德在工商部门注册登记了"英山怀音家庭农场"，成为英山首家注册登记的家庭农场。

安孝德租赁村集体500亩林场建设茶园；并从农户手中连片转包了50多亩撂荒地，用来种植栀子、黄精等地道中药材。

农场规模上来了，烦心事也来了。"没有正规财务，是赚是亏，心里没底儿。""在外跑市场，大一点的客户不愿与你接触，因为你不正规。"安孝德说。

农场要做大做强，就得完成企业化升级。经政府牵线搭桥，陶家河乡财政所托管了怀音家庭农场的账务，为安孝德建立了小账本。有了规范账目核算后，国税部门帮安孝德建起了"企优云平台"。现在，安孝德坐在家里电脑前，就能网上申报、网上缴税、打印电子税票。

规范化经营让安孝德尝到了甜头。目前，怀音家庭农场与安徽岳西、亳州等药材市场实现了产销对接。财务报表显示，今年以来，怀音家庭农场销售药材、茶叶，纯利润达到了18万元。

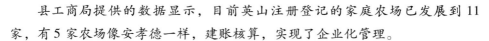

县工商局提供的数据显示，目前英山注册登记的家庭农场已发展到 11 家，有 5 家农场像安孝德一样，建账核算，实现了企业化管理。

（资料来源：湖北日报，2014 年 08 月 12 日）

案例思考

家庭农场里有了"账房先生"后有何好处？

一、财务管理的基本理解

（一）财务管理的概念

财务管理是基于财务活动和财务关系产生的，是合理组织财务活动、正确处理财务关系的一项经济管理工作。财务活动表现为再生产过程中客观存在的资金活动，包括筹资、投资和收益及其分配三个活动。企业既包括股东，也包括债权人和内部员工等多种利益集合体，在组织财务活动的过程中，会与各方发生经济利益关系，这个关系就被称为"财务关系"。

1. 财务活动

（1）筹资活动

它是指企业取得资本的行为，是企业生存和发展的前提。无论是新企业还是正在经营中的企业，都需要进行筹资，资产负债表中右边对应项目就是由筹资活动形成的。每个企业都可以从两方面来进行筹资：从股东进行筹资，通过直接投资、发行股票和内部留存收益等方式取得资本，形成的资本为权益资本；从债权人进行筹资，通过银行借款、商业信用和租赁等方式取得资本，形成的资本为债务资本。不同的筹资方式具有不同程度的成本和风险，企业如何以最低的成本和风险取得所需要的成本，成为筹资决策的关键问题。

（2）投资活动

它是指企业使用资本的活动，是企业活动的中心环节。在筹资完成后，企业通过资本投入使用的活动来谋求最大的收益。资产负债表左边的对应项目就是由投资活动形成的。根据投资回收期限的不同，可以将投资活动分为

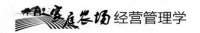

短期投资和长期投资。

（3）收益及分配活动

它是企业资本运用前一过程的终点和后一过程的起点，是企业资本循环的重要活动。收益分配会造成资本退出企业或者留存企业，影响资本运行的规模和结构。企业应该在有关法律制度基础上，合理规定分配的规模方式，正确协调企业短期利益和长远利益之间的矛盾。

2. 财务关系

（1）企业与投资者的关系

这种关系在性质上属于所有权关系，企业与投资者发生财务关系时，企业从投资者那里筹集资本进行生产经营的活动，按照规定将收益进行分配。

（2）企业与债权人的关系

这种关系在性质上属于债权关系，企业通常因为资本不足，向商业银行进行借款活动，形成资本借贷关系。企业要按照契约的规定，及时偿还贷款。

（3）企业与国家税务机关的关系

这种关系在性质上属于纳税关系，国家向企业征收有关税收，包括企业所得税、流转税以及其他各种税金。

（4）企业内部各部门的关系

这种关系在性质上属于内部结算和分工关系。

（5）企业与员工的关系

这是企业给员工支付劳动报酬的过程。企业根据劳动者参与的质量和数量，给予一定的工资和津贴，要正确协调企业与员工之间的关系。

（二）财务管理的内容和目标

财务管理的基本内容包括筹资管理、投资管理和收益分配三部分，此外还具有一些特殊管理，如财务失败、重组与清算和企业并购等。财务管理的目标又称为理财的目标，它是财务管理行为的导向，决定着财务管理的基本方向。主要包括：

1. 利润最大化

企业要达到利润最大化的目标，可以通过改进技术、加强管理、降低生产成本和提高劳动生产率来实现。要合理考虑资金的时间价值和企业面临的风险，将眼前的利益放大到长远的利益来看，不要只顾短期的投资造成之后无法运转的局面，克服利润最大化这个目标的片面性。

2. 股东财富最大化

企业的筹资离不开每个股东的投入。股东财富最大化多表现为股票价格的最大化，从这个角度来看，这个目标只适用于上市公司。

3. 企业价值最大化

这个目标强调要合理实现企业各个财务关系之间的利益，使企业保持良好的资金结构，巩固企业的偿债能力，需要利益团体的共同协作，通过财务的合理经营，采用最佳的财务政策，充分考虑企业资本的时间价值和企业面临的风险，在保证企业可以长期稳定发展的基础上达到企业价值最大化。

（三）财务管理循环过程

财务控制和财务预算有着密切联系，预算是控制的重要依据，控制是执行预算的手段，它们组成了企业财务管理循环。财务管理循环的主要环节包括：

1. 制定财务决策

即针对企业的各种财务问题制订行动方案，也就是制订项目计划。

2. 制定预算和标准

即针对计划期的各项生产经营活动拟定用具体数字表示的计划和标准，也就是制订期间计划。

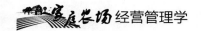

3. 记录实际数据

即对企业实际的资本循环和周转进行记录，它通常是会计的职能。

4. 计算应达标准

即根据变化了的实际情况计算出应该达到的工作水平。例如"实际业务量的标准成本"、"实际业务量的预算限额"等。

5. 对比标准与实际

即对上两项数额进行比较，确定其差额，以实现例外情况。

6. 差异分析与调查

即对足够大的差异进行深入的调查研究，以发现产生差异的具体原因。

7. 采取行动

即根据产生问题的原因采取行动，纠正偏差，使活动按既定目标发展。

8. 评价与考核

即根据差异及其产生原因，对执行人的业绩进行评价与考核。

9. 激励

即根据评价与考核的结果对执行人进行奖惩，以激励其工作热情。

10. 预测

即在激励和采取行动之后，经济活动发生变化，要根据新的经济活动状况重新预测，为下一步决策提供依据。

二、财务管理应用于家庭农场

规范的财务管理不仅可以使家庭农场更好地了解自身的生产经营状

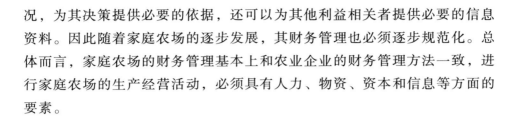

况，为其决策提供必要的依据，还可以为其他利益相关者提供必要的信息资料。因此随着家庭农场的逐步发展，其财务管理也必须逐步规范化。总体而言，家庭农场的财务管理基本上和农业企业的财务管理方法一致，进行家庭农场的生产经营活动，必须具有人力、物资、资本和信息等方面的要素。

（一）家庭农场的财务活动

家庭农场的财务活动也可以分为筹资、投资和收益分配三个活动。其中，筹资活动更多表现为向债权人筹资的方式，即通过亲戚朋友或商业银行的借贷来筹集资金，但就目前的形势来看，我国农业融资的方式渠道太少，手续过程繁琐，造成农民出现融资困难的情况，现在发展的家庭农场依然是以自有资金为主，这样来看，无形之中增加了农民的负担，影响了农场效益的提高。而投资活动基本上是以长期投资为主，农业生产周期长的特点不能给农户带来很快的收益。最后的收益分配活动，一方面体现在家庭成员，家庭农场最大的特点是以家庭成员为主要劳动力参与生产经营活动，通俗来讲，农场中的工作人员以父母和子女为主，代代相承，在利益分配的过程中出现的矛盾较普通企业少一些，但受亲情因素的影响，如果没有财务分配的固定则不好进行分配，也可能影响下一步的生产；另一方面体现在雇工人员上，虽然家庭农场的劳动力是以家庭成员为主，但不可避免会有雇工的出现，只要雇工的数量少于家庭成员劳动力的数量，那么这个农场就符合家庭农场的条件，这方面的利益分配按照相关的法律制度进行。

（二）家庭农场的财务关系

家庭农场的财务关系相对比较简单。主要包括农场与债权人之间的关系、农场与各个工种之间的关系（相当于企业内部各部门之间的关系）和农场与农场劳动力之间的关系。由于现在的法律制度取消了农业税，农民的负担相对减轻了很多，但在购买机械、厂房建设方面仍需要交纳一定的税金，这也就涉及农场与国家税务机关的关系。农场的关系主要通过农场主来协调，因工作人员以家庭成员为主，财务关系相对企业来说较为简单，但仍需要合理处理和协调每个角色之间的关系，维护每个人的合法权益。

（三）家庭农场的财务目标

在财务目标方面，家庭农场的目标比较单一，即实现利润最大化和农场价值最大化。农民的思想单纯，引进先进的设备，学习科学的技术都是为了提高农场的效益，增加农户的收入，带动农民生活水平的提高，改善落后的生活条件。

（四）规范家庭农场的财务管理

1. 完善有关家庭农场的会计科目核算内容

在《农业企业会计制度》中，涉及家庭农场的会计科目有"应收家庭农场款"、"应付家庭农场款"和"待转家庭农场上交款"三个总账科目。制度规定："应收家庭农场款"核算企业应收、暂付家庭农场的各种款项："应付家庭农场款"核算企业应付、暂收家庭农场的各种款项；"待转家庭农场上缴款"核算企业待结转的应收家庭农场的上缴利润、管理费、福利费及劳动保护费；三个总账科目都按家庭农场名称设置明细账。

（1）"应收家庭农场款"必须进行三级核算，即在总账科目下按费用项目设置二级科目，再按家庭农场的名称设置明细科目，设置应收固定上缴款、应收投资性借款、应收垫付款、坏账准备等二级科目。其中：应收固定上缴款核算应上缴的利润、管理费等项目，对家庭农场来说，固定上缴款都是费用支出，不需细分项目列支。该科目的余额在借方，表示应收未收的"固定上缴款"，应与待转家庭农场上缴款科目贷方余额相等；应收投资性借款核算农业企业向家庭农场提供生产性设备或物资，家庭农场以产品或现金分期偿还的借款。该科目的余额在借方，表示未到期的投资性借款和到期未偿还的借款，且到期未偿还的借款应按一定比例提取坏账准备。应收扶贫性借款核算农业企业向家庭农场提供的扶贫性借款，核算方法与投资性借款类似。应收垫付款核算企业先行提供生产物资、劳务或借给生产经营用现金，或统一代付应由家庭农场个人承担的社会保障费、保险费等，该科目的余额在借方，表示应收未收垫付款项，应按一定的比例提取坏账准备。年末对应收家庭农场款提取坏账准备，不同款项应按不同比例，且比例应高于应收账款的坏账准备计提比例。

（2）"应付家庭农场款"的贷方核算家庭农场当年上交产品、现金或结转劳务收入在全部偿还当年应偿还的应收家庭农场款后的余额，借方核算家庭农场领取分配款或用于转账支付生产费用、偿还借款、上缴固定款项等内容，余额为当年未兑现的分配款或是留存的下年度生产流动资金或储备资金。

（3）"待转家庭农场上交款"专门核算家庭农场"固定上缴款"，贷方发生额反映当年应收"固定上缴款"总额，借方发生额反映当年实际收到本年度和以前年度的固定上交款的数额。年末贷方余额表示应收未收的固定上缴款，应与"应收家庭农场款———应收固定上缴款"借方余额相等，本户不允许出现借方余额。

2. 规范家庭农场的会计核算程序

为了加强家庭农场的经营管理，提高经济效益，家庭农场会计核算工作，是由各农业生产队的会计无偿为其提供服务的。家庭农场会计核算，是每户一套账和一套会计报表，各家庭农场可随时到农业生产队财会室查看自己的账目和报表。为保证家庭农场会计信息的真实、及时、有效，必须进一步规范家庭农场会计核算程序。家庭农场会计核算程序的规范表现为：

（1）规范原始凭证的取得途径

与家庭农场生产经营有关的原始凭证可以分为两大类，外来的原始凭证和自制的原始凭证。对外来的原始凭证，可直接作为入账的依据；没有取得外来原始凭证的业务，可以自制原始凭证，但必须详细说明经济业务发生的时间、地点、收支内容、数量、单价、金额等内容。自制的原始凭证必须经家庭农场场长签字后才可作为入账的依据。家庭农场必须及时将取得的原始凭证交农业生产队会计。

（2）规范记账凭证的编制

农业生产队会计根据家庭农场交来的原始凭证编制记账凭证。由于每个农业生产队的家庭农场较多，各家庭农场的经济业务大致相同，因此农业生产队会计容易混淆各家庭农场的经济业务和会计凭证。为此，农业生产队应将各家庭农场与其相应的记账凭证对应编号，且各家庭农场的账簿、会计报表也沿用此编号，以示与其他农场的凭证、账簿、报表相区别。

（3）规范应上报的会计报表

会计期末，根据账簿记录编制的会计报表应为：资产负债表、家庭农场经营盈亏表、往来款项表、利费税完成情况表。报表一式两份，一份自留，一份交农场财务科。

3. 明确家庭农场农产品成本的开支范围、成本计算对象和成本项目

（1）正确划分家庭农场成本核算中各种支出、费用、成本的界限

①对计入成本的一次性耗用的生产物资如肥料、农药等，必须按历史成本法计价，并严格根据"本期减少数＝期初结存＋本期增加数－期末结存数"来计算本期使用的生产物资的成本，禁止将期末结存的一次性耗用的生产物资的成本计入农产品的成本之中。

②对于当年购入能多次周转使用的生产物资，即低值易耗品的成本，不能一次性计入当年成本之中，而应根据该生产物资的成本，按其预计使用年限，采用不同的计价方法，将成本在其发挥效益的多个生产周期中摊入农产品的成本。如用于水稻育秧的钢骨架大棚等。

③固定资产必须按选定的方法定期计提折旧，计入农产品的成本。

④在上交粮食过程中发生的运费，应该计入营业费用处理，而不应计入农产品的成本。

（2）明确农产品成本计算对象和成本项目

家庭农场种植的农产品中，其主要农产品要单独作为成本计算对象核算成本，非主要农产品则根据其特性合并成几大类分类核算成本后，再将成本在类内按一定的标准进行分配。对于不同收获期的同一农产品必须分别进行核算成本。在进行成本计算时，必须规范成本项目。家庭农场农产品的成本项目应当包括：

①直接人工费，指临时用工发生的人工费，不包括家庭成员提供的人工费；

②直接耗用生产物资费：包括农产品种植过程中所需用一次性耗用的种籽或种苗、肥料、农药、灌溉费等；

③分次摊销的生产物资费：包括农产品种植过程中能多次耗用的需分期摊销的生产物资的成本，包括各种低值易耗品的摊销费、耕地开发改造摊销费、水利设施摊销费等；

④机械作业费：主要指机械折旧费和田间运输费等；

⑤其他费用，包括不含于上述成本项目之中的其他成本费用。

4. 正确计算家庭农场营业总支出和定额工资

营业总支出对家庭农场利润总额指标和净收入指标计算的准确性有着重要的影响。营业总支出包括营业成本和营业费用，在计算营业成本时除了包括上述成本计算中应包含的成本之外，还应该包括地租中应计入营业成本的部分，而这部分往往最容易被忽视。定额工资是指家庭农场的劳动力的基本报酬，包括标准工资、工资性补贴和福利费。

定额工资的计算方法为：如果家庭农场的劳动力原为农场职工，按原工资标准计算，非职工则按农场统一的平均工资标准计算。

🌳 **动动脑**

1. 家庭农场为何要实行规范的财务管理？

2. 家庭农场的财务管理中要特别注意哪些事项？

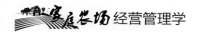

第二节　家庭农场的人力资源管理

🌳 案例导入

家庭农场管理雇工有奖有罚

"监工的时候最累。" 3 月 24 日，曲阜市姚村镇金河口家庭农场负责人颜景梅正统计着农场工人近期的工作量。颜景梅几乎每天都围着自己的农场转，这个农场可让她犯了不少难，其中资金、土地流转等问题都让她作了不少难，但要说最让她头疼的事还数管理农场的工人。

颜景梅的农场流转了 560 多亩地，大多种的小麦、玉米，还有一部分种的山药、花生。"农忙时，农场每天用工四五十人，最多能达到 80 人。"颜景梅说每个工人 45 元/天，人工费不菲还是小事，领着这几十人好好干活可真没少操心。

工人的积极性是农场生产效率最直接的保证。"开始的时候，磨洋工的人还真不少。"颜景梅说。农场在 2011 年就办了起来，当时她不懂管理，全靠工人自觉，工人工作效率很低，"主要是拖时间的人很多，还有人干得倒是很快，可是干活不干净，比如除草除不净。"此外，工人的纪律意识也不强，家里有点鸡毛蒜皮的事常常请假不来，碰到农忙时，就很棘手。"工人大多是本村和邻村的妇女，大家乡里乡亲的，很多话不好直接说到脸上。"颜景梅说邻里之情不但没能帮助农场管理，反而带来了麻烦。

农场要经营发展，只看重面子也不行，为此颜景梅想出了不少管理工人的好点子。"我今年 53 岁，在这干活的姐妹们比我小不了多少，我都是自己亲自下地先干一遍。"颜景梅说，她就按平时的干活速度来计算完成某一地块工作量需要的大体时间，然后要求工人在这个时间内完成工作，"我都能干完，他们年轻的更不在话下，再干不完就算是磨洋工了。"

针对干活粗的人，颜景梅也有自己的小窍门。"大家都分好地块，比如除草，第一遍除不干净，下一遍还是你除这块地的草，总是除不干净，大家都能看到，自己也受累。"颜景梅说把任务分摊到人，具体负责，解决了工人干活不仔细的问题。

"管理要有奖有罚，农场也不例外。"颜景梅说对于干得快、干得好、工作积极的工人会有一定的奖励，那些拖时间、干活不干净的工人也会受到处罚，"我们的处罚一般反映在工资上，比如可能有人一天会拿50元，有的人只有40元，那些干活不积极的人看到工资心里也就明白了，知道多劳会多得，以后干活就不会再偷奸耍滑了。"

"农场开办起来，有没有效益就看怎么管理了。"颜景梅说管理工人最累，可管理好了，生产效率提高也很明显。

（资料来源：大众网—农村大众，2014 年 4 月 8 日）

🌳 **案例思考**

家庭农场管理雇工有哪些诀窍？

一、人力资源管理的基本理解

（一）人力资源管理的概念

1. 人力资源管理的定义

人力资源（Human Resource Management），是指在一定区域内能够推动生产力发展和创造社会财富的，能进行智力劳动和体力劳动的人们的总称。

人力资源管理（Human Resource Management，简称"HRM"）是指根据企业发展战略的要求，有计划地对人力资源进行合理配置，通过对企业中员工的招聘、培训、使用、考核、激励、调整等一系列过程，调动员工的积极性，发挥员工的潜能，为企业创造价值，给企业带来效益

2. 人力资源管理的内容

为确保企业战略目标的实现，人力资源管理体现为企业一系列人力资源政策以及相应的管理活动。这些活动主要包括企业人力资源战略的制定，员

工的招募与选拔，培训与开发，绩效管理，薪酬管理，员工流动管理，员工关系管理，员工安全与健康管理等。即企业运用现代管理方法，对人力资源的获取（选人）、开发（育人）、保持（留人）和利用（用人）等方面所进行的计划、组织、指挥、控制和协调等一系列活动，最终达到实现企业发展目标的一种管理行为。

3. 人力资源管理的本质

人力资源管理的本质是运用科学方法，协调人与事的关系，处理人与人的矛盾，充分发挥人的潜能，使人尽其才，以实现组织目标的过程。

（二）人力资源管理的发展阶段

人力资源管理的发展可以分为以下三个阶段。

1. 传统人事管理阶段（20世纪初至30年代）

传统人事管理，指员工的选拔和任用，最初称之为"劳动管理"，继而称为"雇佣管理"、"工作关系"，后来称为"人事管理"。作为企业基本管理职能之一的人事管理，主要是处理人与工作、人与企业之间的关系。20世纪初，人事管理已初步形成理论体系，其主要代表人物有"科学管理之父"泰罗、"经营管理之父"法约尔、"组织理论之父"韦伯等。这一阶段的主要特点是，将企业职工看成为"经济人"（Economic Man）。

2. 人力资源管理阶段（20世纪30～70年代）

对传统人事管理理论的反思，导致了人力资源管理思想的出现。这种理论源于梅奥的人际关系学说和盛行于20世纪70年代的行为科学，其影响延伸至今。代表人物有马斯洛的"需求层次理论"、赫茨伯格的"激励—保健因素理论"、麦格雷戈的"X理论—Y理论"、威廉·大内的"Z理论"、布莱克和莫顿的"管理方格理论"等。这一阶段的主要特点是，将企业职工看成为"社会人"（Social Man）。

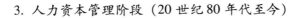

3. 人力资本管理阶段（20世纪80年代至今）

20世纪70年代以来，一些发达国家开始从工业社会向信息社会（又称"后工业社会"）的转变，人力资源管理理论和实践出现了新趋势：一是"以人为中心"的管理模式日益成熟；二是人力资本理论全面被引入企业管理；三是企业文化理论的系统化，形成了一个新的管理学派，即文化管理学派；四是系统科学与管理学的耦合，把人力资本经营摆到了企业整体发展战略和企业管理的核心位置，逐渐成为共识。这一阶段，对人力资本理论研究做出过重要贡献的代表人物，继人力资本理论创始者西奥多·舒尔茨后，还有加里·贝克尔、比得·德鲁克、罗默、卢卡米斯等人。这一阶段的主要特点是，提出企业职工是"自我实现人"（Self–actualizing Man）和复杂人（Complex Man）。

（三）人力资源需求的影响因素

人力资源需求的影响因素，大体可分为三类：企业外部环境、企业内部条件及人力资源自身的情况。

1. 企业内部条件

企业内部条件包括企业战略目标的调整、生产及销售的预期、财务预算状况等。如新产品开发、市场占有率和劳动生产率等的变化，都会影响企业人力资源的需求。

2. 企业外部环境

企业外部环境包括了企业所处的政治法律环境、经济环境、社会文化环境、科技环境、国际环境和自然环境等。社会、政治、法律等因素较易于预测，但何时产生影响难以确定；未来经济发展状况、经济体制改革进程对企业人力资源需求影响较大，其可预测性较弱；技术革新对企业人力资源影响明显，如当今以生物工程、信息技术、虚拟农业为代表的技术革命，势必对农业企业的技术构成产生重大影响，致使企业对人力需求锐减；企业外部竞争对手的易变性，导致社会对企业产品或服务需求的不确定性，也影响企业对人力的需求。

3. 人力资源自身状况

人力资源自身状况，如退休、辞退、辞职人员的多少，合同期满后终止合同人员数量的变动，以及休假、死亡等原因，都直接影响企业人员的需求。

二、人力资源管理应用于家庭农场

具有一定规模的家庭农场都需要雇用一定数量的常年农工和大量的短期农工，并且家庭农场规模越大则雇工数量则会越多。根据农业部统计显示，目前评价每个家庭农场有劳动力 6.01 人，其中，家庭成员 4.33 人，占 72%，长期雇工 1.68 人，占 28%。另外，根据对浙江省 13 市（县、区）136 个家庭农场的典型调查，平均每个家庭农场雇用常年农工 4.72 人、短期农工 50.21 人。人力资源管理在家庭农场管理中的重要性日益凸显。

（一）家庭农场员工培训

1. 家庭农场员工培训的意义

（1）员工培训是家庭农场积累人力资本的需要

在农业经济时代和工业经济时代，社会经济发展主要以物力资源和人的体能的利用为依托；在信息时代，社会经济发展主要以人的知识和智慧（人力资本）的利用为依托，产品的知识含量越来越高，知识在生产力构成中的作用日益突出。家庭农场必须成为学习型组织，不断地积累人力资本，才能在激烈的市场竞争中处于优势地位。

（2）员工培训是提高家庭农场应变能力的需要

现代家庭农场是在一个不断变化的经济技术环境中生存和发展的，家庭农场员工就必须与这种不断变化的外部环境相适应。特别是要提高员工的应

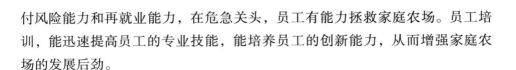

付风险能力和再就业能力，在危急关头，员工有能力拯救家庭农场。员工培训，能迅速提高员工的专业技能，能培养员工的创新能力，从而增强家庭农场的发展后劲。

（3）员工培训是提高农业劳动者文化素质的需要

发达国家推行"绿色证书"制度，具有大学和高中学历的雇员占90%以上，农场主达不到大学文化程度的就难以获得贷款。当前，随着我国教育的发展和水平的提高，农业劳动者素质有所提高，但整体水平与发达国家相比，还相差甚远。而且，我国部分地区还存在劳动者实际技术水平低于技术等级水平的现象。因此，员工培训不仅对家庭农场发展有利，而且对员工自身素质的提高更是一种客观需要。

总而言之，从家庭农场方面看，员工培训就是要把因员工知识、能力不足、态度不积极而产生的机会成本的浪费，减少到最低限度，提高员工的能动性，以利于提升家庭农场整体素质；从员工个人看，通过培训可以提高其自身的知识水平、工作能力，使员工在为实现家庭农场发展目标过程中，达到实现自我。以上两个方面结合乃是家庭农场员工培训工作的意义所在。

2. 家庭农场员工培训的原则

（1）政治与业务相结合原则

这是员工培训的根本原则。一方面，必须加强家庭农场员工的政治理论教育，提高他们的政治思想觉悟水平，教育员工自觉地维护家庭农场的声誉和利益；另一方面，业务培训要适应实际工作的需要，其重点包括：基础知识和新技术、专业知识及社会知识等。

（2）按需施教原则

即将培训与培训后的使用衔接起来，力求做到学以致用。根据家庭农场发展的需要，对不同层次、不同类别、不同岗位的培训对象，而决定施教不同的培训内容。

（3）讲求实效原则

实效和质量是衡量培训成败的标准和关键。为保证培训的实际效果和质量，家庭农场必须做好三方面的工作：一是要预先制定培训后期望达到的标准；二是采用适当的培训方式和方法；三是把培训与职工的考察任职、晋升、奖惩、工资福利挂起钩来。

3. 家庭农场员工培训的内容

作为家庭农场一个完整的员工培训工作规划，应包括以下三方面：

（1）员工知识的培训

通过培训，使员工具备完成其本职工作所必需的基本知识，而且还应让员工了解家庭农场经营的基本情况，如家庭农场的发展战略、目标规划、经营方针、经营状况、规章制度等，便于员工参与家庭农场管理活动，以增强员工主人翁精神。

（2）员工技能的培训

通过培训，使员工掌握完成其本职工作所必备的技能，如实际农业技术技能、处理人际关系技能、谈判技能等，以此也能培养、开发员工的潜能。

（3）员工态度的培训

员工态度如何，对家庭农场的整体士气和经营绩效有直接影响。通过培训，以建立起家庭农场与员工之间的相互信任，培养员工敬业敬岗、尽职尽责的集体主义精神和对家庭农场的忠诚。

4. 家庭农场员工培训的方法

一般地讲，家庭农场员工培训应针对以下两种情况：一是员工上岗前培训或员工的再培训；二是员工的在职培训或脱产培训。其具体培训方法，要依据家庭农场的实际需要和可能，合理地选择采用。

（1）直接传授式

此方法的特点是，信息交流的单向性和培训对象的被动性。常用方法有：

①专题讲座。即向众多的培训对象同时讲授同一个专题。比较简单省事，讲座的效果取决于讲授人的讲课技巧和质量。

②个别指导。类似于传统的"师傅带徒弟"。这种方法的特点是，培训对

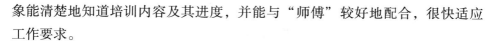

象能清楚地知道培训内容及其进度，并能与"师傅"较好地配合，很快适应工作要求。

（2）员工参与式

即参加者从亲身参与培训活动中获得知识、技能的一种培训方法。其具体做法有：

①模拟训练。将参加者置于仿真模拟的现实工作环境之中，让其反复操作、思考和解决实际工作中可能出现的各种问题。侧重于操作技能的培训。

②角色扮演。将参加者置于模拟的现实工作环境之中，但按照他在实际工作中应有的权责来担当与其实际工作类似的角色，模拟地处理工作事务。这种方法能使培训者较快地熟悉自己的工作业务和操作技能。

③工作轮换。旨在扩展员工的知识和技能。受训人员通过不同岗位的轮换，承担不同的工作，了解不同的业务技能，既增进了相互交流，又扩大了知识面。

④参观访问。家庭农场有组织、有计划地安排员工去相关部门或组织参观访问，开拓员工的视野，激发员工的工作兴趣，增强员工的创新意识。

（3）其他培训方法

除以上培训方法外，还有如业余进修、远程教育、程序化教学等其他方法。

家庭农场员工培训能否达到满意的效果，除了培训方法得当外，还取决于家庭农场的管理风格、工作性质、外部条件等多种因素。

（二）家庭农场劳动关系管理

家庭农场在人员的聘用上要规范进行。家庭农场劳动关系管理就是农场与员工签订劳动合同，确定员工的权利与义务，按照《中华人民共和国劳动法》（以下简称《劳动法》）的规定处理遇到的各类问题。

1.劳动合同的内容

家庭农场与员工签订的劳动合同应根据《中华人民共和国劳动合同法》

的相关规定，依据当地经济文化发展的一般水平和农场的基本状况而制定的。农场可以根据自身的情况以示范版本为基础，修订劳动合同的基本内容。具体来说，劳动合同应该包括以下条款：用人单位名称、住址和法定代表人；劳动者的姓名、住址和居民身份证或者其他有效身份证件号码；劳动合同的期限、工作内容和地点；工作的时间和休息规定、劳动报酬等其他方面。

2. 劳动者的权利和义务

《劳动法》第2条规定，劳动者享有平等就业权、取得报酬的权利、获得劳动安全卫生保护的权利、提请劳动争议处理的权利以及法律规定的其他劳动权利。家庭农场主雇用劳动者必须为其满足以上条件。

3. 处理劳动争议的途径

生产经营的过程中，不可避免会出现一些矛盾纠纷，当员工的利益与家庭农场的利益出现分歧时，将会引起劳动争议。《劳动法》第77条规定，用人单位和劳动者发生劳动争议，当事人可以依法申请调解、仲裁、提起诉讼，也可以协商解决。

🌳 **动动脑**

1. 家庭农场该如何进行员工培训？
2. 家庭农场的劳动关系管理要注意哪些？

第三节 家庭农场的技术管理

🌳 **案例导入**

从陌生到熟悉的"家庭农场"

在湖南湘潭的家庭农场中，特别值得一提的是湘潭龙畅生态农业有限公司。他们按照"用工业的方式来发展农业"的经营理念，从柱塘村流转了

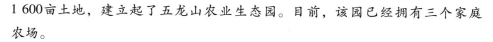

1 600亩土地，建立起了五龙山农业生态园。目前，该园已经拥有三个家庭农场。

农业公司首先自行投资建家庭农场及周边基础设施，然后再把农场交给农民经营管理，其盈亏由农民自己负责，农场以蔬菜经济、渔业经济、林下经济为主。作为相对应的条件，家庭农场必须按照农业公司的标准化进行生产，例如不能使用化合肥料，做到绿色天然等。

李爱香家庭农场是其中的一个。每天早上，农业公司的冷藏车会开到她农场门前，将蔬菜和鲜肉运往指定的销售地点。据介绍，龙畅生态农业公司正在着手建立一套会员配送制，届时每一个会员可以通过电商平台选购自己需要的产品。从生产到销售，家庭农场都将形成一个完整的产业链，这对传统农业而言是很难做到的。李爱香说，这是一个双赢的局面。

今年春季，由于有媒体曝光一些顶花丝瓜打了生长激素，因此丝瓜销售不理想，部分菜农利益受损。对于市场存在的不稳定因素，五龙山农业生态园内的几位家庭农场主说，他们对此并不是特别担心，因为他们与农业公司早就签好了收购合同，一般都是产多少收多少。

业内人士胡光亮说，家庭农场的出现促进了农业经济的整体发展，首先，家庭农场比一般的农户更注重农产品质量安全，容易形成品牌效益，也更易于政府监管；同时，它能推动农业商品化的进程，有助于提高农业的整体效益，克服小生产与大市场的矛盾，提高农业生产、流通、消费全过程的组织化程度；此外，发展家庭农场有力地推进了科教兴农和培育新型农民。

（资料来源：湘潭在线，2013 年 11 月 14 日）

🌳 **案例思考**

此家庭农场的特点有哪些？

一、技术管理的基本理解

（一）技术管理的概念

技术管理通常是指在技术行业当中所作的管理工作，管理者一般具有较高的技术水平，同时带领着自己所管理的团队完成某项技术任务。技术管理的实际操作当中，强调的是管理者对所领导的团队的技术分配，技术指向和技术监察。管理者用自己所掌握的技术知识和能力来提高整个团队的效率，继而完成技术任务。技术管理是技术和管理的融合，是较高知识容量的高深行业。家庭农场作为新型的农业经营主体，具有现代农业的特点，它的发展与管理应该结合现代农业的发展情况，管理者学习先进的农业技术，如种植技术、养殖技术等，应用于农场的生产运作之中。

（二）农业科技的发展趋势

从长远来看，农业科技的发展趋势将是用现代物质条件装备农业，用现代科学技术改造农业，用现代产业体系提升农业，用现代经营形式推进农业，用现代发展理念引领农业，提高农业水利化、机械化和信息化水平，提高土地产出率，资源的利用率和劳动生产率。从现阶段来看，现代农业的科技支撑主要来源于农业的生物技术、农业的信息技术、先进的技术装备和资源节约型技术这几个方面。

1. 农业的生物技术方面

生物大分子功能研究的蓬勃发展，进入到分子机制解析和目标确定的新时期，需要很精准地设计一些农业品种。分子育种成为重要的育种手段，转基因技术是发展最快的农业生物技术之一。克隆技术和干细胞技术为动物育种提供了新的途径，病虫害防治、食品加工和农产品质量控制等领域的发展越来越倚重农业的生物技术。

2. 农业的信息技术方面

信息技术的快速发展，要适应农业和农村的特殊性。在国际上，以追求生产精准化、智能化和信息化的数字农业技术迅猛发展，农业信息技术不断与其他农业高新技术交叉融合，形成了智能装备设施、品种分子设计等交叉技术。

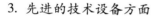

3. 先进的技术设备方面

农业生产的各个环节对先进设备的需求越来越大，农业的先进设备制造技术向多功能、智能化和系统化的方向发展。

4. 资源节约型技术方面

资源的短缺和可持续发展是全世界面临的共同战略难题，而农业的发展离不开水资源，这就需要节水技术的研发与应用。例如，现在很多肥料都是水溶性的，可以通过喷灌、滴灌和漏灌的方式对农作物进行施肥，提高水肥的利用效率，将肥料的资源节约做到更好。

二、技术管理应用于家庭农场

（一）家庭农场技术管理的内容

技术管理的内容贯穿于家庭农场农业生产的全过程，可以从以下几个流程来进行：

（1）进行科学技术预测，制定规划并组织实施；

（2）改进农产品设计，试制新品种和新技术；

（3）执行技术标准，进行农作物和产品质量的监督检验；

（4）组织信息交流；

（5）建立健全技术操作规程；

（6）技术改造、技术引进和设备更新；

（7）做好生产技术准备和日常技术管理。

（二）家庭农场的技术引进

1. 技术引进的概念

技术引进，又称"技术输入"或"技术转让"，是指在国际间的技术转移活动中，引进技术的一方通过贸易、合同、交流等途径，以各种不同的合作形式引进外国的技术知识、管理知识、管理经验，以及先进设备的活动。技术引进不包括进口设备。一般来说，把技术知识和管理知识称为"软技术"，实际上，技术引进就是指获得"软技术"；而进口设备是获得生产、使用手段的有形物质资料，称为"硬技术"，它并不解决该设备的制造技术问题。根据国际惯例，技术引进统计资料中都不包括进口设备。因此，技术引进和进口设备两者是有区别的。但是在实际工作中，引进设备时往往都伴随有引进先进的制造原理、操作规范、工艺配方等，也就是说这种设备是某种技术的具体化，而且软、硬件同时引进要比单独引进软件或单独引进硬件更为有利。在农业技术引进方面，2001 年 5 月 22 日由农业部、财政部、国家林业局、水利部联合发布了《引进国际先进农业科学技术项目管理办法》。

2. 技术引进的内容

目前家庭农场引进的技术主要有以下几方面：

（1）引进设备或配件、部件，如奶牛家庭牧场中的挤奶器、TMR、修蹄机等；

（2）引进新型饲料等，如家禽养殖的新型饲料或奶牛养殖的苜蓿等；

（3）引进先进的产品设计、制造工艺、测试方法、技术规范、技术资料，如农产品包装的设计以及种植养殖工艺等；

（4）引进先进的质量控制和经营管理方法，如利用电脑的信息系统管理农场运行情况；

（5）培训新技术人员，如派人到技术输出方学习或者请输出方专家来农场进行指导；

（6）委托外国咨询公司和外国企业提供技术咨询、技术服务。

🌳 **动动脑**

1. 农业科技的发展趋势如何？

2. 家庭农场如何实行技术管理？

链接案例

松江区家庭农场技术培训

1. 基本情况

2010 年，松江区粮食家庭农场有 964 户，根据区农委农民培训工作要求，结合区农技中心工作实际，对全区粮食家庭农场经营者进行了技术培训，以此来提高家庭农场经营者整体素质，切实促进农业增产、农民增收。培训内容包括水稻适时、精量播种、测土配方施肥与肥水运筹、机直播栽培、秸秆还田、病虫草害发生与综合防治、科学用药、三三制茬口安排和品种搭配、紫云英种植等关键技术，并针对近年来一些家庭农场主的种植经验，形成典型事例，以身示教，起到示范作用。通过 2010 年培训，964 户家庭农场水稻平均产量 564 公斤/667 平方米，比上海市水稻平均产量高 8.8 公斤/667 平方米。

2. 主要做法

（1）理论与实用实效相结合

坚持实用、实际，实效的原则，采取集中培训的方式向农民讲解农业基础知识，培训采用多媒体形式，图文并茂，农民易于接受，且培训内容贴近实际，易操作，能帮助农民解决实际生产中遇到的问题。

（2）培训与互动相结合

把课堂教学和现场示范培训作为培训的主要形式，在培训过程中采取与农民互动的形式，让有水稻种植经验的农民交流经验，在培训现场进行有奖提问，教师根据农民提出的问题进行讲解，既活跃培训气氛，又能直接解决生产难题。

（3）集中培训与现场培训相结合

集中培训以课堂形式开展技术培训，在此基础上，在水稻播种、肥水运筹、防病治虫、绿肥生产关键时段到田头开展现场培训，形成科技推广、培训、示范、应用一体化的有机结合。

（4）结合科技入户，培育培训效果样板田

选择几户科技入户的家庭农场，在几个关键阶段于示范户田边召开现场会，把经验种田和根据培训知识种田进行比较，总结培训效果。

（5）开展调查与服务

经常组织科技人员深入到家庭农场，了解农户的培训需求、培训效果和存在不足，不断改进培训方式和方法，丰富培训内容，帮助分析和解决遇到的新情况、新问题。

3. 存在的问题

（1）培训不分层次

松江区开展粮食家庭农场模式已有6年，每年进行粮食生产技术集中培训。虽然教学内容一直在更新，但由于不同家庭农场的需求不同，效果也不一样。

（2）培训意识冷热不均

大部分家庭农场要求进行培训，但有一部分家庭农场认为自己经验丰富，不需要参加培训，仅是因村里强制要求而参加，甚至要求培训组织部门支付误工费。

（3）师资队伍缺乏

松江区农技中心现有中级、高级职称人员32名，但能进行理论教学的教师只有5名，而很多技术人员尚未具备较高的教学能力，因此，在实践指导、现场培训时出现教师忙不过来的现象。

4. 对下阶段培训工作的建议

（1）充分调研，按需施教培训工作要在充分了解家庭农场需求的基础上开展，无论是制订培训计划还是实施培训计划，都要事先进行深入、细致的调研，了解他们的愿望、需求，从而明确培训目标，制订具体可行的培训计划。

（2）因人而异，分层次培训

应针对不同对象开展分层次培训；根据不同的培训需求进行分类，针对不同的需求层次确定相应的培训目标、培训内容、培训方式，甚至是培训时间。相对来说，新增的家庭农场培训内容应以基础知识为主，有经验的家庭农场偏重于典型案例的分析。可请有经验、有表达能力和愿意帮助别人的家庭农场进行现场培训示范。

（3）扩大培训师资队伍

要提高农业技术培训的质量，就必须有一支高素质的师资队伍。区农技中心具有一批科技骨干力量，要创造机会为他们进行教学能力的培养，强化专业教学的基本功，并让他们深入生产一线，参与现场指导。经过一段时间的培养后，挑选政治坚定、业务熟练、具有中高级技术职称的人员组成讲师团，扩大培训师资队伍，并于年终进行考核。

（4）建立家庭农场培训券制度

引入竞争机制，赋予家庭农场自主选择权，以满足不同乡镇的实际需求，实现培训的多元化、个性化和人性化服务。区农技中心对培训券数量按照家庭农场数或粮食面积统筹分配到乡镇；家庭农场根据自己的需求进行培训报名；乡镇按照报名情况进行安排和发放。区农技中心在年初充分调研的基础上制订系列方案，各镇根据自己的特点和家庭农场的需求进行选择和申请，家庭农场接受培训后交付培训券。

 复习思考题

1. 请简述家庭农场财务管理的主要内容。

2. 请简述家庭农场员工培训的原则及内容。

3. 家庭农场如何实行技术管理？

第七章
家庭农场的扶持政策

🌳 **本章要点**

1. 家庭农场扶持政策的具体方面；

2. 家庭农场土地扶持政策的主要内容；

3. 家庭农场农业社会化服务扶持政策的主要内容。

🌳 **关键词**

家庭农场；扶持政策；土地扶持；金融扶持；农业保险扶持；

财政扶持；农业社会化服务扶持

🌳 **案例导入**

江西省余江县 36 个家庭农场落地生根

2014 年以来，江西省余江县积极鼓励种养大户通过土地流转，大力发展家庭农场等新型农业组织，进而成为引领农民致富的新兴力量。截至目前，在工商部门注册的各类家庭农场已有 36 家，涉及水稻、水果和蔬菜种植、养殖等 10 余个行业。

初夏时节，走进余江县杨溪乡江背村早平蔬菜家庭农场，大棚中绿意盎然，处处生机勃勃。"家庭农场主"陆早平喜滋滋地告诉笔者，作为县里首家家庭农场，今年他的农场已流转田地 400 余亩，并与贵溪市一公司签订了 180 亩的大叶子菜购销合同，其他几百亩地都种上了辣椒、黄瓜等蔬菜，农场年经营收入达 450 万元，可获纯利 40 余万元。

为推动家庭农场落地生根、茁壮成长，该县积极推进土地合理流转，专门制定了家庭农场评定标准、认定办法和注册登记管理办法，鼓励、引导农民通过承租、承包、有偿转让等多种形式，将分散土地连片开发，发展家庭农场。目前，全县农村土地流转面积达 10 万多亩。余江县还举办了家庭农场培训班，专门培训 500 余名有文化、懂技术、会经营、善管理的科技致富能手，为家庭农场的发展提供技术支持。

与此同时，该县还对家庭农场发展进行适度政策倾斜，鼓励农民发展产业化经营。如对新成立、经工商登记注册的家庭农场，在贷款发放、农业项目申报等方面给予一定的倾斜；对现代家庭农场开展水利设施改造优化、购置现代农用机械也都给予一定的补助等。并对已办理证照的家庭农场实行定期和不定期的回访，适时在生产经营管理及商标注册、合同帮扶等方面进行指导服务，积极主动帮助家庭农场经营者解决在经营过程中遇到的困难和问题，进一步加快家庭农场的培育步伐，助力全县农业转型发展。

（资料来源：中国农经信息网，2013 年 5 月 16 日）

 案例思考

在此案例中，当地给予了家庭农场哪些方面的政策支持？

第一节 家庭农场的提出

随着生产力的发展，以及农村剩余劳动力的逐渐增多，从 20 世纪 80 年代开始，我国慢慢出现了家庭农场的雏形，即"种田农手"和"大户"等。进入 21 世纪后，中国一部分地区如浙江、上海、吉林等地，在家庭农场的培育方面进行了积极探索。

2008 年，十七届三中全会发布《中共中央关于推进农村改革发展若干重大问题的决定》中提到"有条件的地方可以发展专业大户、家庭农场、农民专业合作社等规模经营主体"，这是家庭农场第一次在中央文件中提到。

2009 年，《农业部关于推进农业经营体制机制创新的意见》中再次提出"促进农户家庭经营采用先进科技和生产手段，增加技术、资本等生产要素投入，支持有条件的地方发展专业大户、家庭农场、农民专业合作社等规模经营主体"。

在以后几年，上海松江、湖北武汉、吉林延边、浙江宁波、安徽郎溪等地积极培育家庭农场，在促进现代农业发展方面发挥了积极作用。据统计，截止到 2012 年年底，农业部确定的 33 个农村土地流转规范化管理和服务试点地区，已有家庭农场 6 670 多个。

2013 年，中央一号文件提出"坚持依法自愿有偿原则，引导农村土地承包经营权有序流转，鼓励和支持承包土地向专业大户、家庭农场、农民合作社流转，发展多种形式的适度规模经营"。家庭农场这一概念首次在中央一号文件中出现，全国范围内开始积极鼓励发展家庭农场。

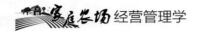

第二节　家庭农场的扶持政策

"家庭农场"一词，2008年首次在中央文件中出现后，一些试点地区开始颁布一些扶持政策，但是扶持力度小，在2013年，中央一号文件正式提出"家庭农场"这一概念后，扶持政策开始全面出台，且扶持力度越来越大。在2014年3月农业部《关于促进家庭农场发展的指导意见》中提到要"探索建立家庭农场管理服务制度"、"引导承包土地向家庭农场流转"、"强化面向家庭农场的社会化服务"、"完善家庭农场人才支撑政策"、"引导家庭农场加强联合与合作"等。

家庭农场扶持政策主要包括以下几个方面。

一、认定申报考核制度

"家庭农场"提出后，中央并没有给出家庭农场的标准。在《2013年国家支持粮食增产农民增收的政策措施》明确提出"鼓励有条件的地方建立家庭农场登记制度，明确认定标准、登记办法、扶持政策"。2014年3月，农业部《关于促进家庭农场发展的指导意见》提出建立家庭农场管理服务机制中也要求对经营者资格、劳动力结构、收入构成、经营规模和管理水平等给予明确规定。

依据中央的规定，一些地方政府开始根据本地实际情况对家庭农场制定规范政策。如2013年4月上海松江区出台《关于进一步规范家庭农场发展的意见》、2013年江苏泰州市制定了《种养大户认定管理和家庭农场工商注册登记工作管理办法》、2014年11月甘肃省庄浪县公布了《家庭农场认定管理办法》等。

（一）认定标准

在陆续出台的家庭农场认定政策中，肯定了发展家庭农场的重要意义，制定了基本原则。对家庭农场的基本特征进行了描述，在把握家庭农场基本

特征的基础上，规定了其认定标准。

其中准入条件中对经营者资格、劳动力结构、收入结构、经营规模和管理水平给予了明确的规定，虽然各地由于地域差异而导致具体标准不同，但都与家庭农场的定义一致。

（二）申报流程

各地文件一般对家庭农场申报程序进行了详细规定，具体有核准、申报、认定、工商登记以及申报材料等。程序清楚、要求明确，农民可以直接根据规定，参考自己的情况，是否符合申报条件，然后准备材料进行申请。当然，具体流程各地由于管理情况不同而有所不同，但都有详细的制定。同时会强调"对于符合条件且登记注册的家庭农场，规定都可以享受该地区对家庭农场的所有支持政策"。

（三）考核制度

各地文件在对家庭农场申报进行了标准化要求和程序上的规定后，还对家庭农场制定了考核制度和退出制度。对于一些违反规定或者挂着家庭农场的名称实质却不是家庭农场的，给予惩罚及撤销，考核制度一般清晰严格。

这些管理服务制度的制定，为家庭农场的认定、申请、享受补贴、退出等提供了执行依据，促进了家庭农场的规范化发展。

　　山东诸城市规定对出现"家庭农场经营者不直接参加农业生产和管理，常年雇用其他劳动者的"情形的，其资格予以撤销，并由工商部门注销家庭农场法人资格。对"家庭农场在申报和复审过程中提供虚假材料或存在舞弊行为的，一经查实，取消家庭农场资格，两年内不得再申报"，"家庭农场因经营不良，资不抵债破产或被兼并的，取消家庭农场资格"，"家庭农场经营中违反国家产业政策，存在违法违纪行为的，取消家庭农场资格，两年内不得再申报"，"家庭农场发生重大生产安全事故和重大质量安全事故的，取消家庭农场资格，两年内不得再申报"，

"家庭农场不按规定要求按时提供年审材料，拒绝参加年审的，自动取消家庭农场资格"等。

（资料来源：中国农经信息网，2013 年 4 月 14 日）

二、土地扶持政策

（一）加强土地流转服务

农村土地流转是现代家庭农场发展的前提条件。伴随我国工业化、信息化、城镇化和农业现代化进程，农村劳动力大量转移，农户承包土地的经营权流转明显加快，加强土地流转服务已成为必然趋势。

2014 年 3 月，农业部《关于促进家庭农场发展的指导意见》提出"健全土地流转服务体系，为流转双方提供信息发布、政策咨询、价格评估、合同签订指导等便捷服务。引导和鼓励家庭农场经营者通过实物计租货币结算、租金动态调整、土地经营权入股保底分红等利益分配方式，稳定土地流转关系，形成适度的土地经营规模。鼓励有条件的地方将土地确权登记、互换并地与农田基础设施建设相结合，整合高标准农田建设等项目资金，建设连片成方、旱涝保收的农田，引导流向家庭农场等新型经营主体"。

2014 年 11 月，中共中央办公厅、国务院办公厅出台《关于引导农村土地经营权有序流转发展农业适度规模经营的意见》指出，要"发挥家庭经营的基础作用"，"要重点培育以家庭成员为主要劳动力、以农业为主要收入来源，从事专业化、集约化农业生产的家庭农场，使之成为引领适度规模经营、发展现代农业的有生力量。分级建立示范家庭农场名录，健全管理服务制度，加强示范引导。鼓励各地整合涉农资金建设连片高标准农田，并优先流向家庭农场、专业大户等规模经营农户"，并提出要"加大对新型农业经营主体的扶持力度，鼓励地方扩大对家庭农场等的扶持资金规模"。

2013 年 9 月，《安徽省人民政府办公厅关于培育发展家庭农场的意见》提出"健全土地流转服务体系，市、县、乡、村土地流转服务机构，要为家庭农场提供法律咨询、供求登记、信息发布、中介协调、指导签证、代理服

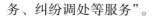

务、纠纷调处等服务"。

2013 年 11 月，广东省《中山市鼓励家庭农场发展的指导性意见（试行）》提出"创新土地流转方式，加快土地承包经营权向家庭农场流转。健全完善市、镇、村三级土地流转服务体系，开展流转供求信息、合同指导、纠纷调解等服务，引导土地依法、自愿、有偿地向家庭农场流转"。

（二）鼓励土地规模化

国家鼓励土地向家庭农场流转，促进其规模化经营，尤其是适度规模经营。

中央首次提出"家庭农场"后，在《2013 年国家支持粮食增产农民增收的政策措施》中提到"鼓励和支持承包土地向专业大户、家庭农场和农民合作社流转，发展多种形式的适度规模经营"。

党的十八届三中全会提出"鼓励承包经营权在公开市场向专业大户、家庭农场、农民合作社、农业企业流转，发展多种形式的适度规模经营"。2014 年 4 月，农业部《国家深化农村改革、支持粮食生产、促进农民增收政策措施》中又再次强调了对家庭农场的支持，要"引导和鼓励家庭农场通过多种方式稳定土地流转关系"，发展多种形式适度规模经营。

各地也纷纷出台相关政策鼓励家庭农场发展适度规模经营。2012 年，上海市农业委员会《关于进一步加强本市农村土地流转管理工作的指导意见》提出"鼓励和引导承包地向粮食生产家庭农场和农民专业合作社等经营主体集中"。2014 年 11 月，《崇明县农业委员会崇明县财政局关于本县加快培育发展家庭农场的实施意见》提出"引导土地优先流向家庭农场"。2013 年 9 月，《安徽省人民政府办公厅关于培育发展家庭农场的意见》提出"本村集体经济组织成员建立的家庭农场，同等条件下可以享有土地流转后的优先承包经营权"。

（三）优质农田支持

在家庭农场土地的扶持政策中，不仅强调了土地的数量，还强调了土壤的质量。这也将更有利于家庭农场经营管理的可持续发展。

2014年11月，中共中央办公厅、国务院办公厅《关于引导农村土地经营权有序流转发展农业适度规模经营的意见》中提到建设高标准农田，并优先流向家庭农场。2014年4月，农业部《国家深化农村改革、支持粮食生产、促进农民增收政策措施》中专门提出土壤有机质提升补助政策，并安排专项资金8亿元，"调动种植大户、家庭农场、农民合作社等新型经营主体和农民的积极性，鼓励和支持其应用土壤改良，地力培肥技术，促进秸秆等有机肥资源转化利用，提升耕地质量"。2014年3月，农业部《关于促进家庭农场发展的指导意见》要求"整合高标准农田建设等项目资金，建设连片成方、旱涝保收的农田，引导流向家庭农场等新型经营主体"。

2012年1月，上海市农业委员会、上海市财政局《关于进一步完善本市冬作绿肥种植补贴政策的通知》中提到"广泛宣传种植绿肥的好处，宣传适合本地的绿肥品种和配套技术，提高广大农户（合作社、家庭农场等单位）种植绿肥的积极性"。2013年9月，《安徽省人民政府办公厅关于培育发展家庭农场的意见》提出"鼓励有条件的地方整合相关项目资金，按照农业发展规划建设连片成方、旱涝保收的优质农田，优先流转给示范性家庭农场"。

（四）设施用地扶持

对于规模化经营的新型农业经营主体，一定的配套设施建设是必要的，因此在这方面给予的扶持，更有利于家庭农场的规模化和现代化发展。

2014年4月，农业部《国家深化农村改革、支持粮食生产、促进农民增收政策措施》中也提到"适应种养大户等新型农业经营主体规模化生产的需求，统筹建设晒场、农机棚等生产性公用设施"。

2014年9月，《国土资源部、农业部关于进一步支持设施农业健康发展的通知》定义"配套设施用地是指由农业专业大户、家庭农场、农民合作社、农业企业等，从事规模化粮食生产所必需的配套设施用地"，应对其严格确定。

2014年11月，中共中央办公厅、国务院办公厅《关于引导农村土地经营

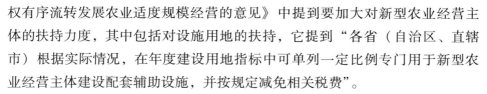

权有序流转发展农业适度规模经营的意见》中提到要加大对新型农业经营主体的扶持力度，其中包括对设施用地的扶持，它提到"各省（自治区、直辖市）根据实际情况，在年度建设用地指标中可单列一定比例专门用于新型农业经营主体建设配套辅助设施，并按规定减免相关税费"。

各地也对设施用地扶持出台相关规定。如 2013 年 9 月安徽省《全椒县关于培育家庭农场发展的实施意见》提出"规划、建设、国土等有关部门要认真落实国家、省关于农业规模经营管理用地的相关政策，对家庭农场因生产所需的生产设施用地和附属设施用地，按设施农用地管理，国土资源行政主管部门依法依规予以支持"。

三、金融扶持政策

家庭农场作为一种新型农业经营主体，不同于传统的家庭经营，在成长初期，势必需要大量的资金投入。国家在金融上给予农业大力扶持时，对家庭农场有所倾斜。对家庭农场的金融支持有以下几个方面。

（一）信贷支持力度加大

对家庭农场合理利用资金、有助于自身发展的信贷需求，金融主体给予最大的扶持，并且精简程序，提高效率和扶持力度。

2014 年 11 月，中共中央办公厅、国务院办公厅《关于引导农村土地经营权有序流转发展农业适度规模经营的意见》提出，要加大对新型农业经营主体的扶持力度，要对新型农业经营主体"加大信贷力度"。在 2014 年 2 月《中国人民银行关于做好家庭农场等新型农业经营主体金融服务的指导意见》中更是明确指出对家庭农场等新型农业经营主体的信贷支持力度。

一方面，对于"经营管理比较规范、主要从事农业生产、有一定生产经营规模、收益相对稳定的家庭农场等新型农业经营主体，应采取灵活方式确定承贷主体"，"简化审贷流程，确保其合理信贷需求得到有效满足"。另一方面，重点支持家庭农场等"购买农业生产资料、购置农机具、受让土地承包经营权、从事农田整理、农田水利、大棚等基础设施建设维修等农业生产用途"。

就地方而言，2013 年，《上海市人民政府办公厅关于本市加快推进家庭农场发展的指导意见》提出"积极创新担保方式，将家庭农场纳入小额信贷保证保险范围，为家庭农场提供发展生产所需贷款服务"。2014 年 1 月，江苏省《关于全面深化农村改革深入实施农业现代化工程的意见》中更是提出"推动金融机构在县（市）对新型农业经营主体提供全过程信贷支持"。2013 年 9 月，《安徽省人民政府办公厅关于培育发展家庭农场的意见》提出"鼓励和支持涉农金融机构加大对省示范家庭农场、国家级农村综合改革试验区和省农村综合改革试点县（区）辖内家庭农场等的信贷支持力度"。

（二）贷款利率水平降低

2014 年 2 月，《中国人民银行关于做好家庭农场等新型农业经营主体金融服务的指导意见》中提出要合理确定贷款利率水平，有效降低新型农业经营主体的融资成本。

首先，对于符合条件的家庭农场等新型农业经营主体贷款，各银行业金融机构应从服务现代农业发展的大局出发，根据市场化原则，综合调配信贷资源，合理确定利率水平。其次，对于地方政府出台了财政贴息和风险补偿政策以及通过抵质押或引入保险、担保机制等符合条件的新型农业经营主体贷款，利率原则上应低于本机构同类同档次贷款利率平均水平。最后，各银行业金融机构在贷款利率之外不应附加收费，不得搭售理财产品或附加其他变相提高融资成本的条件，切实降低新型农业经营主体融资成本。

从各地来看，2013 年 6 月，《四川丹棱县关于大力发展家庭农场的实施意见》提出"逐步开展家庭农场信用等级评定，对信用等级高的家庭农场给予一定的授信额度，并给予利率优惠"。浙江省常山县在推进家庭农场发展时提出"金融机构对家庭农场开展信用等级评估工作，对资信好的家庭农场确定授信额度，给予信用贷款，并简化贷款手续，给予贷款利率优惠"。

（三）贷款期限延长

由于农业生产受季节气候影响，所以为了满足家庭农场对农业生产周期

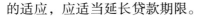

的适应，应适当延长贷款期限。

2014 年 2 月，《中国人民银行关于做好家庭农场等新型农业经营主体金融服务的指导意见》对贷款期限进行了具体限定，例如"对日常生产经营和农业机械购买需求，提供 1 年期以内短期流动资金贷款和 1 至 3 年期中长期流动资金贷款支持；对于受让土地承包经营权、农田整理、农田水利、农业科技、农业社会化服务体系建设等，可以提供 3 年期以上农业项目贷款支持；对于从事林木、果业、茶叶及林下经济等生长周期较长作物种植的，贷款期限最长可为 10 年，具体期限由金融机构与借款人根据实际情况协商确定"。并提出"在贷款利率和期限确定的前提下，可适当延长本息的偿付周期，提高信贷资金的使用效率"。

（四）贷款额度增加

2014 年 2 月，《中国人民银行关于做好家庭农场等新型农业经营主体金融服务的指导意见》提出"各银行业金融机构要根据借款人生产经营状况、偿债能力、还款来源、贷款真实需求、信用状况、担保方式等因素，合理确定新型农业经营主体贷款的最高额度"。并制定了具体贷款额度依据，"从事种植业的专业大户和家庭农场贷款金额最高可以为借款人农业生产经营所需投入资金的 70%，其他专业大户和家庭农场贷款金额最高可以为借款人农业生产经营所需投入资金的 60%"。强调"家庭农场单户贷款原则上最高可达1 000 万元"。

2013 年 4 月，黑龙江海伦市的《关于扶持发展农村家庭农场的实施意见》中提出"要根据不同对象，采用相应的贷款制度。如对贷款量大，有一定规模土地产权登记，有较高价值的其他资产抵押的大农户，实行抵押贷款，对具有较好社会资本的大农户实行担保贷款，扶持发展为家庭农场"。

2013 年 9 月，《安徽省人民政府办公厅关于培育发展家庭农场的意见》指出"根据家庭农场的经营规模和综合投入产出等因素，进一步提高对家庭农场信用贷款的授信额度，对农业产业化程度高的家庭农场要进一步做好"龙头企业＋家庭农场"、"合作社＋家庭农场＋农户"等供应链金融服务"。

（五）担保服务增强

2014 年 2 月，《中国人民银行关于做好家庭农场等新型农业经营主体金融服务的指导意见》提出各银行业金融机构要"针对不同类型、不同经营规模家庭农场等新型农业经营主体的差异化资金需求，提供多样化的融资方案"。具体而言，"对于种植粮食类新型农业经营主体，应重点开展农机具抵押、存货抵押、大额订单质押、涉农直补资金担保、土地流转收益保证贷款等业务，探索开展粮食生产规模经营主体营销贷款创新产品；对于种植经济作物类新型农业经营主体，要探索蔬菜大棚抵押、现金流抵押、林权抵押、应收账款质押贷款等金融产品；对于畜禽养殖类新型农业经营主体，要重点创新厂房抵押、畜禽产品抵押、水域滩涂使用权抵押贷款业务"。

2014 年 11 月，中共中央办公厅、国务院办公厅《关于引导农村土地经营权有序流转发展农业适度规模经营的意见》中提到"鼓励融资担保机构为新型农业经营主体提供融资担保，鼓励有条件的地方通过设立融资担保资金，担保风险补偿基金等"。

2013 年 9 月，《安徽省人民政府办公厅关于培育发展家庭农场的意见》中"鼓励各市、县（市、区）由政府出资设立的融资性担保公司为符合条件的家庭农场提供融资性担保服务，并与该担保公司享受有关扶持政策挂钩；各市、县（市、区）要将家庭农场纳入融资担保风险补偿范围，分担融资性担保公司开展家庭农场融资担保业务所产生的损失"。同时要"积极扩大林权抵押贷款，探索开展大中型农机具、农村土地承包经营权、宅基地使用权抵押贷款试点"。

（六）融资渠道扩宽

2014 年 2 月，《中国人民银行关于做好家庭农场等新型农业经营主体金融服务的指导意见》要求扩宽融资渠道，"对经工商注册为有限责任公司、达到企业化经营标准、满足规范化信息披露要求且符合债务融资工具市场发行条件的新型家庭农场，可在银行间市场建立绿色通道，探索公开或私募发债融资"。同时"支持符合条件的银行发行金融债券专项用于"三农"贷款，加强对募集资金用途的后续监督管理，有效增加新型农业经营主体信贷资金来源"以及"鼓励支持金融机构选择涉农贷款开展信贷资产证券化试点，盘活存量资金，支持家庭农场等新型农业经营主体发展"。

2013 年 9 月，《安徽省人民政府办公厅关于培育发展家庭农场的意见》提出"涉农金融机构要设计适合家庭农场生产经营特点的贷款产品，在信用评定基础上，综合采用保证、联保、抵押、质押等多种形式发放贷款"。

2014 年 8 月，黑龙江省人民政府《创新农村金融服务推进方案》提出"鼓励金融机构针对现代农业和新型农业经营主体的融资需求，在有效防范风险基础上，创新承包土地经营权抵押贷款产品和相关服务，合理调配信贷资源，积极稳妥开展农村承包土地承包经营权抵押贷款业务"。

四、农业保险扶持

2014 年 3 月，农业部《关于促进家庭农场发展的指导意见》提出"加强与有关部门沟通协调，推动落实涉农建设项目、财政补贴、税收优惠、信贷支持、抵押担保、农业保险、设施用地等相关政策，帮助解决家庭农场发展中遇到的困难和问题"。2014 年 4 月，《国务院办公厅关于金融服务"三农"发展的若干意见》中提出要拓展农业保险的广度和深度。依次，各地出台相关规定，从多方面对家庭农场进行农业保险扶持。

（一）扩大农业保险覆盖面

2013 年 9 月，《安徽省人民政府办公厅关于培育发展家庭农场的意见》提出"扩大政策性农业保险覆盖范围。开展家庭农场互助合作保险和家庭农场综合性保险试点"。

2013 年 8 月，《浙江常山县人民政府关于鼓励家庭农场发展的实施意见》针对家庭农场提出"政策性保险机构和商业保险机构要加快开发适合家庭农场发展的特色保险品种，扩大政策性农业保险的覆盖面，扩面保险品种必须列入政府补助范围"。浙江省在提到优化农业保险时强调扩大政策性农业保险覆盖范围，并开展家庭农场综合性保险试点。2014 年 2 月，《中共湖南省委湖南省人民政府关于全面深化农村改革进一步增强农业农村发展活力的意见》也提出要扩大农产品保险范围，提高赔付率。

（二）拓宽农业保险险种

2013 年 8 月，浙江省《关于培育发展家庭农场的意见》提出要"完善政府补助和商业保险相结合的家庭农场保险体系"，"加强保险与涉农信贷协作配合，针对家庭农场特点，创新质押担保方式和融资工具，开展农业保险保单质押贷款"。

2013 年 9 月，《安徽省人民政府办公厅关于培育发展家庭农场的意见》提出"加强保险与涉农信贷协作配合，针对家庭农场的特点，创新抵（质）押担保方式和融资工具，开展农业保险保单质押贷款。引导保险公司为家庭农场发展提供种类多、品种全、服务优、效果好的农业保险"。

2013 年 11 月，《河北省安国市人民政府关于支持发展家庭农场的意见》指出"积极探索开发适合家庭农场、种养大户的保险品种"。

2014 年 6 月，《黑龙江省人民政府关于促进农业保险发展的若干意见》指出"根据农业生产新型经营主体规模化发展的需要，为种养大户、家庭农（林、牧）场、农民专业合作社量身定做一揽子保险服务产品"。

（三）对农业保险给予补贴

2013 年 11 月，河北安国市政府《关于开展全民创业行动的若干意见（试行）》提出各项涉农税费减免政策。明确指出"财政应当对家庭农场进行贷款贴息或保险费补贴"。

2014 年 6 月，《黑龙江省人民政府关于促进农业保险发展的若干意见》指出要加大保费补贴力度，"各级政府要高度重视对农业保险的扶持和投入，将财政补贴资金列入各级财政年度预算。对因调整保险保障标准，覆盖直接物化成本而增加的保费，根据现行规定给予保费补贴"。

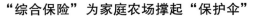

"综合保险"为家庭农场撑起"保护伞"

"有了这个保险，我们心里就踏实了。"11 月 9 日，刚参加我市示范性家庭农场"综合保险"的农场主王清渭告诉记者，他的农场以种植红心猕猴桃和鸡尾葡萄柚为主，最担心"倒春寒"，因为会给农场带来巨大损失。现在，农场有了"保护伞"，可以大胆放手干了，今年他已经培育了 6 万株鸡尾葡萄柚苗，"一株苗卖 15 元，已经订出去 3 万株，明年还要培育 20 万株。"

2013 年，全市 2 187 个家庭农场的场均经营规模 174.26 亩、年产值 81.94 万元、年纯利润 16.32 万元，保险需求较大。传统的政策性农业保险保费低、保额低，注重保生产成本，已不能满足家庭农场规模大、资产多、产值高、收益高的经营主体的保险需求。市农业局会同市财政局、安信农业保险股份有限公司浙江分公司，在浙江省率先推出了《衢州市省市级示范性家庭农场综合保险实施方案》，对省市级示范性家庭农场的财产保险、人身保险和收入保险进行"打包"。其中，"收入保险"是新研发的保险产品，属全国首创。

市农业局工作人员介绍，"综合保险"的对象是 2013 年度的省、市级示范性家庭农场，共 64 家。同时，为了推进该试点工作，由市、县两级财政对"综合保险"的保险费按照 1:1 的比例进行全额补贴，标准为每个示范性家庭农场补贴保费 2 万元，全市 64 家的保费合计 128 万元。

该"综合保险"的财产保险总保险金额 100 万元；人身保险包括雇主责任险和公众责任险两部分，是对家庭农场成员及长期雇员共计 8 人的人身安全，以及对第三者的人身安全和财产安全进行保险，保险金额 226 万元；收入保险总保险金额 35 万元，包括损失保险和收入保障保险两部分，其中损失保险是指对家庭农场种植的作物、养殖的畜禽和大棚等设施由于自然灾害、染疫强制扑杀等原因造成损失的保险，赔偿限额为 20 万元；收入保障保险是对全年收入的保险，由于自然灾害、病虫害、疫病、市场价格波动等原因，导致家庭农场全年收入低于上一年收入 70% 时，保险公司负责补偿，补偿限额为 15 万元。"综合保险"由各县（市、区）家庭农场协会牵头运作，在发生保险事故后，家庭农场协会及时通知保险公司，协助保险公司和农业部门开展事故勘验、施救、指导家庭农场灾后恢复生产等活动。当发生事故或理赔分歧时，家庭农场协会负责做好有关各方的沟通协调，当好"综合保险"的"老娘舅"，有效防范和化解纠纷、风险。

（资料来源：衢州新闻网，2014 年 11 月 10 日）

五、财政扶持政策

中央和地方先后出台相关政策，对家庭农场财政补贴的政策导向、补贴方式、补贴力度、补贴内容等方面做出了相关规定。

《2013 年国家支持粮食增产农民增收的政策措施》中提出要扶持专业大户、家庭农场、农民合作社等新型经营主体，"国家将加大对专业大户、家庭农场和农民合作社等新型农业经营主体的支持力度，实行新补贴向专业大户、家庭农场和农民合作社倾斜政策"，"推动相关部门采取奖励和补助等多种办法，扶持家庭农场健康发展"。

在《2014 年国家深化农场改革、支持粮食生产、促进农民增收政策措施》中再次提出"新补贴向粮食等重要农产品、新型农业经营主体、主产区倾斜政策"。

2014 年 11 月中共中央办公厅、国务院办公厅出台的《关于引导农村土地经营权有序流转发展农业适度规模经营的意见》详细提出"对从事粮食规模生产的农民合作社、家庭农场等经营主体，符合申报农机购置补贴条件的，要优先安排"。相对于之前的"新增补贴"的倾斜，国家对家庭农场的财政补贴开始具体化。

2013 年 9 月，《安徽省人民政府办公厅关于培育发展家庭农场的意见》中提出"各级财政要加大对家庭农场的扶持力度，采取直接补助、以奖代补、贷款贴息等方式，支持家庭农场开展农产品质量安全认证、农业生产基础设施建设、农机购置补贴、种苗繁育、加工储运、市场营销等"。

2013 年 11 月，江苏省扬州市在《关于鼓励发展家庭农场的意见》中提出"加大财政扶持力度。市及各县（市、区）财政每年安排一定资金，用于扶持市级以上示范家庭农场的发展，重点是整合农业项目资金的投向，对符合条件的家庭农场，在发展特色种养业、农业产业化、农业标准化、土地流转、农机购置补贴等方面，采取以奖代补、项目扶持等形式，重点向家庭农场倾斜。支持符合条件的家庭农场承担和实施粮油高产创建、水稻标准化育秧工厂等农业项目"。

六、农业社会化服务扶持政策

（一）加大农民培训并建立培训制度

家庭农场是新型职业农民的载体，应加大对家庭农场经营者的培训，使之成为新型职业农民。《2013 年国家支持粮食增产农民增收的政策措施》中提出"探索开展家庭农场统计和家庭农场经营者培训"。

2014 年 3 月，农业部《关于促进家庭农场发展的指导意见》中提出要完善家庭农场人才支持政策。其中提出各地要加大对家庭农场经营者的培训力度，要确立培训目标、丰富培训内容、增强培训实效、有计划地开展培训等。并提出要完善相关政策措施，完善农业职业教育制度。

2014 年 3 月，在教育部办公厅、农业部办公厅印发的《中等职业学校新型职业农民培养方案试行》中提出"招生重点是专业大户、家庭农场经营者、农民合作社负责人等"。

2014 年 4 月，农业部《国家深化农村改革、支持粮食生产、促进农民增收政策措施》提出"进一步扩大新型职业农民培育试点工作"，"重点面向专业大户、家庭农场""等新型经营主体中的带头人、骨干农民等"。

2014 年年底，《关于引导农村土地经营权有效流转发展农业适度规模经营的意见》中提出"实施新型职业农民培育工程，围绕主导产业开展农业技能和经营能力培养培训，扩大农村实用人才带头人示范培养培训规模，加大对专业大户、家庭农场经营者、农民合作社带头人、农业企业经营管理人员、农业社会化服务人员和返乡农民工的培养培训力度，把青年农民纳入国家实用人才培养计划"。提出要"努力构建新型职业农民和农村实用人才培养、认定、扶持体系，建立公益性农民培养培训制度，探索建立培育新型职业农民制度"。

2008—2014 上海关于培训新型职业农民的政策

上海在 2007 年开展家庭农场试点后，15 年来，作为全国家庭农场的示范引领区，其扶持政策不断得到创新和发展，对其他地区发展家庭农场具有重要的借鉴意义，尤其在培养新型农场主方面，在构建新型经营体系，提高务农人员生产技能和经营管理水平，确保市场有效供给，保持农民收入持续较快增长方面成效显著。

时间	文件	内容
2008 年 7 月	上海市农委实施创业农民千人培训计划	创业农民培训以各类农民专业合作社领办人、家庭农场经营者、种养业大户、农业龙头企业骨干为主要对象，通过集中培训、创业设计、实地考察、创业扶持、跟踪服务等方式进行。
2009 年 3 月	《上海市 2009 年水稻高产创建工作方案》	结合水稻科技入户和专业农民培训工作，积极组织农业科技人员深入合作社（合作农场）、家庭农场和种植大户等开展技术培训和指导工作"，"加强田间面对面、手把手技术指导，切实把高产技术传授到点，落实到田。
2010 年 7 月	《关于做好 2010 年上海市农民培训工作的通知》	以示范合作社、家庭农场、特色农产品基地、粮食丰产示范基地、世博特供蔬菜基地为重点，精心实施农民专业合作社干部培训；继续培育一批创业型农民；扎实推进专业农民农业实用技术培训；多层次、多形式开展引导性培训；探索新生代青年农民的培训；继续组织农业职业技能培训。
2013 年 9 月	《上海市人民政府办公厅关于本市加快推进家庭农场发展的指导意见》	完善家庭农场人才培育培训。把家庭农场经营者纳入新型职业农民培训范围，根据从业特点及能力素质要求，科学制订教育培训计划并组织实施，确定培训的主要内容、方式方法、经费投入等。探索建立教育培训制度，制定认定管理办法和扶持政策。充分利用各类培训资源，加大对家庭农场经营者培训力度，提高他们的生产技能和经营管理水平，逐步培养一批有文化、懂技术、善管理、会经营的家庭农场经营者。在选择家庭农场经营者时，坚持本集体经济组织成员优先的原则，鼓励吸引爱农、懂农、务农的本地人士兴办家庭农场。

（续表）

时间	文件	内容
2014 年 6 月	《关于做好 2014 年本市农民培训工作的通知》	坚持立足产业、需求导向，政府主导，加快培养家庭农场经营者、农民专业合作社管理人员、农业企业等新型经营主体骨干成员。继续开展农业实用技术培训和单项技术培训，提升农民职业技能水平。加快建立适合本市特点的新型职业农民培育制度体系，着力培养一支有文化、懂技术、会经营的新型职业农民队伍。积极推进农业职业技能培训和鉴定工作，加快研究相关配套政策，探索推进农民持证上岗。

（二）涉农建设项目倾斜

2014 年 3 月，农业部《关于促进家庭农场发展的指导意见》提出"加强与有关部门沟通协调，推动落实涉农建设项目"，"帮助解决家庭农场发展中遇到的困难和问题"。《关于引导农村土地经营权有效流转发展农业适度规模经营的意见》中提到"支持符合条件的新型农业经营主体优先承担涉农项目"。

2013 年 8 月，《重庆市关于培育发展家庭农场的指导性意见》提出"支持鼓励符合条件的家庭农场申报实施农业产业化、农业综合开发、农业科技入户、农技推广、农业标准化等涉农项目"。

2013 年 4 月，《陕西省高陵县加快促进家庭农场发展的实施意见》提出"要整合农业产业化等各类建设项目，向家庭农场倾斜，安排有条件、有能力的家庭农场组织实施，逐步探索通过家庭农场落实项目资金和农业扶持资金的新途径"。

2013 年 11 月，广东省《中山市鼓励家庭农场发展的指导性意见（试行）》提出"同时在农业综合开发、农田水利建设、土地整治、农村道路建设等项目给予优先安排，切实改善家庭农场的农业生产条件"。

（三）加大科技、营销等服务

2014 年 3 月，农业部《关于促进家庭农场发展的指导意见》提出"基层农业技术推广机构要把家庭农场作为重要服务对象，有效提供农业技术推广、优良品种引进、动植物疫病防控、质量检测检验、农资供应和市场营销等服务。支持有条件的家庭农场建设试验示范基地，担任农业科技示范户，参与实施农业技术推广项目。引导和鼓励各类农业社会化服务组织开展面向家庭农场的代耕代种代收、病虫害统防统治、肥料统配统施、集中育苗育秧、灌溉排水、贮藏保鲜等经营性社会化服务"。

2014年11月，《关于引导农村土地经营权有效流转发展农业适度规模经营的意见》中提到"利用供销合作社农资经营渠道，深化行业合作，推进技物结合，为新型农业经营主体提供服务。推动供销合作社农产品流通企业、农副产品批发市场、网络终端与新型农业经营主体对接，开展农产品生产、加工、流通服务"。

2013年11月，《中山市鼓励家庭农场发展的指导性意见（试行）》提出"加强基层农技推广机构与家庭农场的合作，探索建立家庭农场技术指导员制度，切实提高农技推广服务能力。指导家庭农场创建品牌，开展无公害农产品、绿色食品、有机农产品认证，发展标准化生产"。"积极支持家庭农场采取产销对接、产品展销展示等方式，与超市、农产品批发市场、企业、学校、餐饮集团等对接，发展现代营销。指导家庭农场与农业产业化龙头企业、农民专业合作社探索建立长期稳定的利益共享、风险共担的农产品产销衔接机制和订单履约机制，支持龙头企业与家庭农场在签订收购合同的基础上，提供预供良种、肥料和农药等农资支持。支持龙头企业与家庭农场采取保底收购、股份合作、利润返还等多种形式，建立紧密利益联结机制，组建农业产业联合体"。

2013年8月，《重庆市关于培育发展家庭农场的指导性意见》提出"适应现代农业发展需要，开展家庭农场网络服务平台建设、信息采集和家庭农场个性化网站建设等"。

🌳 **动动脑**

1. 政府对家庭农场的扶持从哪些方面进行？
2. 对家庭农场的土地扶持方面有哪些政策？

🌳 链接案例

六大优惠政策扶持专业农场发展

城市晚报延边讯　8 月中旬的海兰江畔稻谷飘香，龙井市东盛涌镇龙山村 7 组王立臣家 85 公顷水稻正处在灌浆期，沉甸饱满的稻穗预示着今年又是一个丰收年。王立臣打开他家的车库，拖拉机、插秧机、收割机等一应俱全。正因为实现了农业机械化，王立臣仅靠一两个人便开办起了家庭农场。这背后是延边州出台的一系列政策的扶持。

近年来，延边州委、州政府针对延边农村出国劳务和外出务工人员众多、农村劳动力缺乏的实际情况，积极培育专业农场等多种规模主体，推动农村土地流转，实现了土地经营规模化，促进了农业产业化的发展，有效破解了农村劳动力缺乏难题。

出台优惠政策　扶持专业农场发展

据延边州农委工作人员介绍，为扶持家庭农场，延边州出台六项政策。一是贷款贴息政策。州、县财政对专业农场贷款各贴息 30%；二是国家惠农政策。在工商部门注册登记的专业农场，可享受各项国家农业财政补贴政策；三是农机购置补贴政策。在原一次性 3 台套农机具购置补贴标准基础上，专业农场可以一次性享受 5 台套。四是提高政策性保险政策。在原农作物政策性保险基础上，对专业农场提高了保险保额，每公顷保额水田增加 3 000 元，旱田增加 2 000 元。对所增保费部分，州、县两级财政各补贴 1/3。五是支农政策倾斜。捆绑使用政策性支农资金，采取以奖代补、项目扶持等形式，重点向专业农场倾斜。2011 至 2013 年，全州捆绑使用政策性支农资金 9 590 万元扶持专业农场发展。六是税收优惠政策。专业农场享受农民专业合作社法等免税收政策。

王立臣购买农业机械的钱，正是来自贴息贷款。2013 年以来，延边州在各县市成立了物权融资公司，向农场下放"土地收益保证贷款"。今年，王立臣顺利申请了 40 万元土地收益保障贷款，政府贴息 60%，利息只有 3 厘。除了贷款，国家在农机补贴上也给予了大力支持。一台价值12万元的插秧机补贴6万元，自己只掏一半。

专业农场不断壮大　全州已发展到886家

在政策和资金上的扶持下，以专业农场为主的新型农业经营主体不断壮大。截至目前，全州专业农场总数已发展到886家，经营总面积达6.4万公顷，其中流转面积5.5万公顷，占经营总面积的86%，涉及土地流转农户2.7万户，平均每家专业农场经营土地面积72公顷。

通过专业农场实行规模化经营、标准化生产、机械化作业，大幅度降低了生产成本，提高了农作物品质，使粮食产量增加15%左右，实现了农场和农户的双增收。发展专业农场还使土地实现了长期流转，不仅解决了延边农村因外出务工人员较多而产生的劳动力缺乏的难题，还破解了农村劳动力转移途径单一、有后顾之忧等难题，使"亦工亦农"的农民摆脱了土地束缚，安心发展二、三产业，有力地促进了农村劳动力向非农产业转移。

（资料来源：城市晚报，2014年8月20日）

🌳 复习思考题

1. 我国主要从哪些方面给予了家庭农场的政策扶持？
2. 我国对家庭农场的土地扶持政策主要有哪些？
3. 我国对家庭农场的农业社会化服务扶持政策主要有哪些？

第八章
家庭农场的未来展望

🌳 **本章要点**

1. 中国农业未来发展趋势；

2. 家庭农场发展对策；

3. 家庭农场发展未来展望。

🌳 **关键词**

家庭农场；发展对策；未来展望；中国农业未来

第一节　中国农业未来发展

案例导入

2014 年中央农村工作会议引导中国农业未来发展

2014 年中央农村工作会议 12 月 23 日至 24 日在北京举行。

会议指出，农业现代化是国家现代化的基础和支撑。而《人民日报》在 24 日发表的社论中也指出，破解农业现代化的瓶颈制约，必须主动适应经济新常态，按照"稳粮增收、提质增效、创新驱动"的总要求，全面深化农村改革。没有农业现代化，就没有国家现代化。

会议强调，推进农业现代化，要坚持把保障国家粮食安全作为首要任务，确保谷物基本自给、口粮绝对安全。要创新机制、完善政策，努力做好各项工作。

一是大力发展农业产业化。在稳定粮食生产基础上，积极推进农业结构调整，依靠科技支撑，由"生产导向"向"消费导向"转变，由单纯在耕地上想办法到面向整个国土资源做文章，构建优势区域布局和专业生产格局，加快推进农牧结合。要把产业链、价值链等现代产业组织方式引入农业，促进一二三产业融合互动。

二是积极发展多种形式适度规模经营。这是农业现代化的必由之路，也是农民群众的自觉选择。要引导和规范土地经营权有序流转，发展各类新型农业经营主体，坚持以粮食和农业为主，避免"非粮化"，坚决禁止耕地"非农化"。发展适度规模经营，方式多种多样，要因地制宜，充分发挥基层和群众首创精神，允许"探索、探索、再探索"。只要符合国家法律和政策，符合改革方向，农民群众欢迎，不管什么形式，都要鼓励和支持。

三是建设资源节约、环境友好农业。综合施策，减少农业投入品过量使用，逐步退出超过资源环境承载能力的生产，推进农业废弃物转化利用，促进受损生态环境修复治理，加强耕地质量建设，严格保护耕地和水资源。

四是加大农业政策和资金投入力度。不管财力多紧张，都要确保农业投入只增不减。要统筹整合涉农资金，创新农业投融资机制，健全金融支农制度。

五是用好两个市场两种资源。健全国际农业交流与合作制度，创新农业对外合作方式。

（资料来源：人民网，2014 年 12 月 24 日）

案例思考

中国未来农业发展有何特征？

从 1978 年到 2015 年，我国改革开放已经 36 年。随着经济发展和社会进步，我国的农业也取得了长足发展。当前，我国经济已步入新常态，农业发展的内外部环境正在发生深刻变化，中国农业的未来发展将影响和决定家庭农场的未来发展。

一、中国农业结构调整

2013 年以来我国进入了以国际市场为导向的新一轮农业结构调整。此轮结构调整，不仅要坚守总量安全、质量安全、农民增收、市场稳定四条底线，更要坚持四个导向：其一，由"生产导向"向"消费导向"转变；其二，由单纯在耕地上想办法到面向整个国土资源做文章；其三，构建优势区域布局和专业生产格局；其四，加快推进农牧结合。这就要求今后要进一步优化农业区域布局，着力打造大宗农产品优势产业带，进一步优化种养业结构，引导农民以市场为导向，发展适销对路的优质特色农产品，形成粮饲兼顾、农牧结合的新型农业结构。

具体而言，在今后较长时期内，我国将确保谷物基本自给、口粮绝对安全，这也是国家粮食安全的战略底线。集中力量把最基本、最重要的谷物、口粮保住，在此基础上，统筹兼顾棉油糖、"菜篮子"等重要农产品生产。

二、中国农业经营体制完善

改革开放以来，我国实行的以家庭承包经营为基础、统分结合的双层经营体制，解放了劳动力，促进了生产力的发展。但随着生产力的发展，随着剩余劳动力的增加，这一体制在农业实际发展中产生了诸多问题，促使着体制必须不断完善。

近年来，中国农业经营体制在以下几方面呈现出更多的改革措施：其一，稳定完善农村土地承包关系，引导土地经营权规范有序流转。据农业部数据显示，全国30个省份（不包括重庆市）的1 643个县（市、区）、10 870个乡镇、17.6万个村开展了土地经营权规范有序流转的试点工作。其二，培育新型农业经营主体，构建新型农业经营体系。国家先后出台《农业部关于促进家庭农场发展的指导意见》，《关于引导和促进农民合作社规范发展的意见》等规定，大力扶持、引导和规范新型农业经营主体，完善农业组织形式。其三，改革农村产权制度，增加农民财产收入。2014年10月，国家出台了《积极发展农民股份合作赋予农民对集体资产股份权能改革试点方案》，试点的目标在于探索赋予农民更多财产权利，明晰产权归属，完善各项权能，激活农村各类生产要素潜能，建立符合市场经济要求的农村集体经济运营新机制。这是农业经营体制改革和完善的重大制度创新。

三、中国农业科技化

随着农业的发展，农业科技在农业、农村经济发展中的作用和地位日益彰显，更多更先进的科学技术用于农业生产中，科学技术对农业产业发展的促进作用更加明显，而农业发展对科学技术进步的依赖逐渐增强，农业科技创新为中国农业提供发展动力，科学技术成为农业产业的第一生产力。

有数据表明，中国农业科技贡献率逐年上涨，在2014年达到56%，有力地支撑了农业持续稳定发展。在未来发展过程中，农业科技创新将进一步得到重视，新的科学技术层出不穷，更新换代加快，其中如动植物育种技术、耕地质量保育与地力提升技术、生物节水技术、农业可再生资源循环利用技术、数字农业与农业物联网技术、农业信息监测与装备技术等创新突破，将为转变农业发展方式、实现农业可持续发展提供强有力的支撑。

表 8 - 1　"一五"建设时期到"十一五"时期我国农业科技进步贡献率的变化情况

时期	一五	二五	三五	四五	五五	六五	七五	八五	九五	十五	十一五
贡献率	19.92	—	2.24	15.36	26.68	34.71	25.53	2.14	40.53	45.88	52

说明：1）一五从 1953—1957 年开始，除二五时期含三年恢复期，数据缺失外，1966 年后每五年一个时期。2）贡献率是指农业科技进步贡献率。

资料来源：王启现等. 我国农业发展的科技贡献水平分析农业科技管理. 农业部网站，2006，6。

四、中国农业国际化

自加入世界贸易组织以来，中国农业国际化程度迅速提升，农产品世界贸易地位不断上升。然而，当前中国农业现代化水平与发达国家相比仍然存在较大差距，中国农业产业在国际竞争中尚处于产业链下游，对外部依赖较严重，不利于农业产业的可持续发展。在农业国际化进程中，农业国际合作与跨国公司扮演着极其重要的角色，其对中国农产品对外贸易的商品结构及市场结构变化的影响不断加深，在促进资本、技术和产品自由流动的同时，不断强化农业资源的双向流通。跨国公司对农业产业链的控制，给中国等发展中国家农业产业健康发展亦带来隐患，因此，随着中国农业国际化进程的发展，农业产业安全日益受到发展中国家的广泛重视。

从长远来看，在经济国际化的背景下，我国将更加重视与其他国家建立互利共赢的国际农业合作机制，实现优势互补，共同发展。随着 APEC 会议、博鳌亚洲论坛的召开，以及亚投行的筹建、一带一路战略等的实施，我国将增加未来世界经济秩序的话语权。中国将充分利用农业大国优势，不仅保持传统的农产品进出口优势，更会在农业科技、人才培养交流和服务贸易等多方面与其他国家互利共赢，共谋发展。

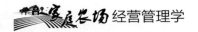

五、中国农业投资多元化

随着我国社会主义市场经济体制的逐渐深入，中国农业正经历着深刻的转变。农业现代化的资金来源呈现多元化的发展趋势，政府、农户、涉农企业、资本市场成为农业现代化资金来源多元化的投资主体，农业现代化资金来源多元化的格局基本形成。在2014年国务院办公厅《关于金融服务"三农"发展的若干意见》中提出要丰富农村金融服务主体，"扩宽融资渠道"，"拓宽资金来源"，"支持符合条件的涉农企业在多层次资本市场上进行融资，鼓励发行企业债、公司债和中小企业私募债"。并且"支持农户、农业企业和农村经济组织进行风险管理"。

为推进中国农业投资体系的进一步完善，今后要着重以下几方面：一是逐渐建立用于公共产品和公共服务农业投资的专项资金的投资机制；二是明确和重点增加对农民转移、土地流转及家庭农场等新型经营主体发展的财政支持；三是促进涉农企业的发展；四是进一步引导农业资本市场投入农业，扩大金融市场投资规模。

六、中国农业扶持政策法规完善

由于农业的弱质性和高风险的特点，世界各国政府对农业的干预和保护程度均很高。特别是发达国家在WTO的框架下已经形成较为成熟而且多样化的农业扶持体系。

入世后，我国采取了直接和间接的农业扶持政策与措施，并取得了一定的成效和突破，但农业扶持体系并未完善。区别于发达国家较成熟的农业扶持政策体系，我国农业支持主要是生计型支持和粮食安全支持。许多政策目标直接指向增加农民收入和改善农民生计。从长远来看，除了目前的农民增收、生产增长目标外，食品安全、产业竞争力和可持续发展将一起构成长期阶段中国农业扶持政策法规的综合目标。今后要健全国家对农业的支持保护体系，保持农业补贴政策连续性和稳定性，逐步扩大"绿箱"支持政策实施规模和范围，调整改进"黄箱"支持政策，充分发挥政策惠农增收效应，并

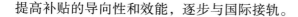

提高补贴的导向性和效能，逐步与国际接轨。

🌳 **动动脑**

　　1. 中国未来农业发展的主要趋势是什么？

　　2. 中国未来农业经营体制会有哪些变化？

第二节　家庭农场的发展对策

🌳 **案例导入**

农业部启动"现代青年农场主培养计划"

　　2015 年 4 月 16 日，记者在湖南省长沙市举行的"2015 年农民培训项目管理培训班暨全国农业广播电视学校工作研讨会"上获悉，从今年起，农业部将联合教育部、团中央启动实施"现代青年农场主培养计划"。

　　计划每年选择 1 万名 18～45 周岁的现代青年农民，将他们培育为青年农场主，为现代农业发展注入新鲜血液。这是农业部 2015 年新型职业农民培育工作中的一项新举措。

　　据介绍，"现代青年农场主培养计划"旨在吸引和扶持农村青年创业兴业，选择的培养对象为 18～45 周岁之间的种养大户、家庭农场经营者、农民专业合作社骨干、返乡创业大学生、中高职毕业生、返乡农民工和退伍军人，培养期为 3 年，培训内容包括职业素养、创业能力、政策法规、产业发展和案例教学等方面，最终目标是通过培训指导、创业孵化、认定管理、政策扶持和跟踪服务等系统培育，打造一支创业能力强、技能水平高、带动作用大的青年农场主队伍。

　　除了启动"现代青年农场主培养计划"，2015 年农业部还在全国新增 2 个示范省、7 个示范市和 187 个示范县作为新型职业农民培育重点示范区，由此，全国新型职业农民培育示范规模扩大到 4 个省、21 个市和 487 个示范县。各个示范区将以培育生产经营型职业农民为主要任务，兼顾培养专业技能型和社会服务型职业农民。

此外，为确保新型职业农民培育的质量和效果，农业部将启动智慧农民云平台、师资库、精品课、精品教材、职业农民创业基地（园）等基础建设。各地除了依托农广校，推进基础建设各项工作，打造一支高质量的新型职业农民培育师资队伍外，还将依托新型农业生产经营主体，加快农民田间学校建设，推动农广校基层办学向产业链延伸，在产业链上培训新型职业农民。

（资料来源：农民日报，2015 年 4 月 18 日）

🌳 **案例思考**

"现代青年农场主培养计划"的目标是什么？

目前可主要从规范土地流转、提升农场主经营管理能力、完善社会化服务体系和强化宏观管理四方面入手推进家庭农场的进一步发展。

一、规范土地流转

（一）深化土地制度改革

当前，在坚持家庭联产承包责任制的基础上，应结合新常态的新时代特点，进一步深化土地制度改革。积极稳妥推进、落实和实施农村承包土地确权登记颁证，有效保障农民承包土地的权益，确保土地承包权长久不变，推动农户放心、有序流转土地。

（二）健全土地法律、法规

一方面，广泛开展《农村土地承包法》和《农村土地承包经营权流转管理办法》等法律、法规的学习宣传，加强基层干部和农民对合理的土地流转形式的认识，稳妥地推进土地流转。另一方面，在不动产统一登记的基础上，完善《土地管理法》、《农村土地承包法》、《担保法》、《物权法》等一系列法律、法规，进一步明确土地承包经营权的具体内涵，实行所有权、承包权、经营权"三权分离"。尽早出台"农村土地流转法"及相关实施条例，强化土地流转的

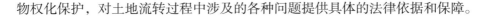

物权化保护，对土地流转过程中涉及的各种问题提供具体的法律依据和保障。

（三）完善土地流转机制

严格规范土地流转的形式，坚持实事求是的原则，使农村土地流转形式操作合理、合法，保障农民依法自主决定承包土地是否流转和流转的形式的权利。建立城乡统一的建设用地市场，在符合规划和用途管制前提下，允许农村集体经营性建设用地出让、租赁、入股，实行与国有土地同等入市、同权同价。积极借鉴国外经验，从信息交流机制、政策咨询机制、价格评估机制、土地交易平台等多方面完善土地流转机制。

二、提升农场主经营管理能力

鼓励中高等学校特别是农业职业院校毕业生、新型农民和农村实用人才、务工经商返乡人员等兴办家庭农场，尤其是对青年人更要鼓励，促进农场主群体知识化、年轻化。

构建新型职业农业教育体系，确立培训目标、丰富培训内容、增强培训实效，有计划地开展培训，鼓励家庭农场经营者通过多种形式参加培训，取得职业资格证书。

政府加大对农民职业技能培训的财政投入。提供扶持资金，加强培训机构的师资、培训场所、培训设备等软硬件建设，为广大农场主提供免费培训或者加大培训补助力度，减轻农民负担。积极扶持培训机构和用工企业，促进其积极为农场主提供培训机制。

三、完善农业社会化服务体系

当前我国农业社会化服务体系已初步形成了以公共服务机构为依托、合作经济组织为基础、龙头企业为骨干、其他社会力量为补充，公益性服务和经营性服务相结合、专项服务和综合服务相协调的基本格局。

今后在完善我国农业社会化服务体系的进程中，要加大新型农业社会化服务体系的政策设计和资金投入。一方面，在服务主体上，应在不断强化政府机构、涉农企业等传统服务主体的基础上强化新型经营主体的服务功能，重点扶持农民合作社、农村经纪人、专业化服务机构等新型服务主体。在完善公益性服务体系的同时，扶持经营性服务组织发展，形成多元竞争的服务格局。另一方面，在服务内容上，应在强化技术指导与培训、生产资料供应、农产品销售等传统服务的基础上全面拓展包括仓储物流、品牌宣传、电子商务、金融借贷、基础设施等多方面服务。新型农业社会化服务体系的构建将为未来家庭农场的发展提供有力支撑。

四、深化政府宏观管理

随着改革的全面深化和市场化推进，政府在农业发展过程中的作用更多转向宏观管理。政府应积极引导包括家庭农场在内的新型农业经营主体的发展以及新型农业经营体系的构建，同时充分发挥监督作用，避免家庭农场在探索发展过程中出现偏颇。

应不断完善家庭农场的认定、申报等规章，使得家庭农场的发展过程中有法可依，确保发展方向的合理性和正确性，确保农业项目倾斜、农业优惠补贴、相关政策保障等能够实实在在落到家庭农场上。

应不断加大财政金融支持，不断调整农业补贴方案，提高对家庭农场的财政补贴。积极引导多种金融投资主体向家庭农场倾斜，积极引导其开发新的金融产品，不断提高贷款额度，扩宽抵押物范围，延长贷款时间等，为家庭农场的发展提供资金保障。

应大力倡导农业科技创新，积极引导动植物育种技术、耕地质量保育与地力提升技术、生物节水技术、农业可再生资源循环利用技术、数字农业与农业物联网技术、农业信息监测与装备技术等创新突破，为家庭农场等新型农业经营主体实现科技化、现代化提供有力支撑。

🌳 **动动脑**

1. 如何促进家庭农场的进一步发展？
2. 政府在家庭农场的发展中起到的作用有哪些？

第三节 家庭农场的未来

■ 案例导入

黑龙江克山：家庭农场契合农民意愿

旭光家庭农场是黑龙江克山县规模最大的家庭农场，由古北乡永胜村党支部书记郭喜创办，经营土地面积达1.3万亩。

永胜村共有850户人家，2 781口人，土地不到2万亩，人均7亩多。郭喜说："我们这里人少地多，适合搞机械化，一家不种上1 000多亩地，不能叫规模经营。"他指着院子里成排的大型农机说，"现在我搞家庭农场，自己筹措资金，加上农机购置补贴，买的拖拉机、旋耕机、播种机、喷药机、收割机全是大马力的，加起来值800多万元。农场只有不到10个人，就靠这些大家伙。"

谈到农场的经济效益，郭喜给我们算了笔账：2014年，扣除土地流转费和种子、化肥、农药、农机折旧以及工人工资后，大豆行情不好没有赚到钱，马铃薯价格偏低赔了40多万元，玉米行情较好挣了140万元，总体净利润100多万元。他说："这几年种地的成本持续上涨，要通过不断提高管理水平来提升经济效益。在种地的过程中，必须精打细算，买农资因为量大就尽量压价，聘请水平高的科技员把好质量关。1亩地省下来1块钱，整个农场就能省下1万多元钱。"

永胜村村民郭永三说："我觉着郭喜种地太多了也不行，要提高产量多挣钱，化肥农药就得多用，对土地肯定不好。"村民郭友说："其实我也担心，一年500多万元的土地流转费，加上几百万元的种子化肥农药，年成好，他1亩地能挣200多元钱。现在种地成本也不低，要是碰上大灾年，他就爬不起来了。"郭喜也表示，自己对种地的自然风险和市场风险心知肚明，每年都要从信用社贷款100多万元，土地规模超过万亩确实有些吃不消。

在加快发展现代农业的新形势下，旭光家庭农场契合农民意愿，依托土地流转，依靠农业机械和精细管理，实现了规模化经营，但绝不是规模越大越好，地方政府和农业部门必须从实际出发，加大政策支持力度，引导其保持适度规模经营，增强抵御风险能力。

（资料来源：中国农经信息网，2015 年 4 月 30 日）

🌳 **案例思考**

家庭农场的未来发展将会是怎样？

作为新型农业经营主体之一的家庭农场，因其处于产业链上生产环节的这一独特性，在我国农业的发展进程中，展现出强大的生命力，并已成为我国农业生产经营的主力军。面对这一新兴事物，我们展望其未来，在探索中前行。

如图 8 - 1 所示，家庭农场的未来将呈现以下发展趋势。

图 8 - 1　家庭农场未来发展构想

一、规模适度

家庭农场在探索、尝试的发展过程中逐渐根据本地农业发展实际情况、生产力实际水平、资源条件等不断调整土地规模、资金规模、劳动力规模以及产业规模等，最终实现经营的适度规模。

（一）土地适度规模

在家庭农场发展初期，由于对适度规模认识的误差，导致家庭农场经营

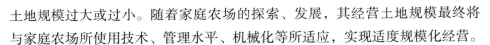

土地规模过大或过小。随着家庭农场的探索、发展，其经营土地规模最终将与家庭农场所使用技术、管理水平、机械化等所适应，实现适度规模化经营。

从实践中看，决定这个适度规模的因素很多，包括家庭农场的经济实力、劳动力数量等内因，以及土地平整度、种植作物机械化作业程度、社会化服务业发展水平、政策扶持政策等外因。家庭农场负责人自己，也需要经过几年的实践，才能够发现适宜的经营规模到底是多少。而且，这个规模还是一个随着土地、农机、社会化服务等相关条件而变化的动态数量。

因此，在指导家庭农场发展中，国家对土地经营规模并未做出具体规定，而更多的是让基层农业部门根据本地实际和农户的经营状况形成。在我国各地区不断探索和发展家庭农场的进程中，将走出一条属于各地区的"适度性"和"规模性"家庭农场之路。

2014年9月，国家统计局河南调查总队发布《河南家庭农场经营状况典型调查分析》。

调研数据显示，从生产投入费用看，500亩以上家庭农场的投入最大，亩均达1 402元；其次是100～200亩，为1 343元；最低的是50～100亩，为1 086.84元。而从纯收益看，100～200亩的家庭农场为最高，为616.00元；其次是200～300亩，为525元；而投入最大的500亩以上的农场，纯收益为475元，居第三。

上述数据说明，家庭农场需要适度规模才能实现规模效益，但不是越大越好。规模过大，效率可能反而下降。从调查样本可以看出，经营面积在100～200亩的亩均收益最高，200～300亩的次之，500亩以上的更次。

（**资料来源**：家庭农场越大越好吗？新三农，2015年5月18日）

（二）劳动力适度规模

家庭农场的劳动力主要是家庭成员，会有季节性、临时性的雇工。在初期由于雇工难、劳动力成本高，会有不雇用临时性劳动力，单一依靠家庭成员的现象；在发展中也会由于纯粹地追求规模大，导致常年雇用劳动力的现象，这两者都不是家庭农场劳动力的适度规模，也有悖于理论上对家庭农场的界定。

随着家庭农场在探索中走向完善和规范，尤其是土地的适度规模经营，家庭农场与专业合作社、社会化服务组织的合作，其规模化利用农业机械、先进技术等承担绝大部分农业作业，家庭成员尤其是农场主成为家庭农场的主要劳动力，或者是决策者、经营管理者，而不是单纯的体力劳动者。同时，由于农业的特性和某些工作人力不可替代的情况存在，在农忙时家庭农场仍需要雇用临时工，作为家庭农场劳动力的补充。此时，家庭农场实现了劳动力适度规模。

（三）产业适度规模

目前我国家庭农场主要以种植业或畜牧业的生产为主，且规模较小，未来的家庭农场产业结构、产品结构将逐渐丰满，更加合理化，真正实现"农林牧副渔"多种农业形式综合经营。

未来，"六次产业"在家庭农场也可以得到实现。粮食、蔬菜的种植，牲畜、家禽、渔业的养殖，以及观光、休闲的开展，家庭农场除了提供物质产品，还提供精神消费品，达到"生产、生活、生态"等多功能性的统一。

在农业市场化后，家庭农场根据市场变化对经营产品、产业结构进行调整，找到最合理的产业规模，实现适度规模化经营，实现资源的有效利用，极大提高生产效率。

二、主体智能

针对"谁来种地"的问题，中央从 2012 年提出我国要培养新型职业农民，各地方政府也将培育新型职业农民提上日程，对农民的培训次数增加、内容丰富、实用性更强、模式多样化。新型职业农民将成为农业生产的主力军，家庭农场作为新型农业经营主体，是新型职业农民的有效载体，为其发挥才能提供了广阔的平台。

（一）主体来源多元化

传统农民的升级。随着家庭农场的发展，更多的传统农民、专业大户经营者开始向家庭农场主转化，他们本身拥有丰富的农地实践经验，通过参与培训，学习新技术和先进经营理念，并开阔视野，以企业家的谋略眼光开办家庭农场，成为新型职业农民的重要组成部分。

既有知识、技术人员的转型。各级政府积极鼓励引导农业院校毕业大学生、外出务工农民、个体工商户、农村经纪人等回到农村，运用新的理念、经营模式、技术等进行农业生产，创办家庭农场，带动周边农民建立家庭农场，成为农业生产的领军人。他们本身拥有技术、知识、新的理念等，由于对农业的热爱，转型成为新型职业农民，成为家庭农场的建设者。

（二）主体角色多样化

家庭农场作为传统农户的升级扩大版，对经营者的要求高于传统农户。

首先，对家庭农场主在知识储备和管理能力上都要求较高。一位农场主不仅要对农场进行企业化经营，还要进行企业化管理。农场主需要具备企业家才能，具有市场适应能力，有成本、风险意识，对信息的判断，对先进科技的学习和接受能力，具有现代化农业所要求的能力，以卓越的才能经营家庭农场，适应农业市场化变动。

其次，家庭农场主是生产与销售、土地与市场、生产者与消费者的联络者，是对整个宏观生产经营活动和人力资源的监控者，是风险驾驭者。多重角色的扮演，要求家庭农场主由传统的体力型劳动者向智能型劳动者转变。

三、类型多样

家庭农场的产生是农业生产力发展到一定阶段的产物。在当前，作为新型农业经营主体之一，家庭农场较好地回答了"谁来种地，怎样种地"。而从其长远发展来看，家庭农场的经营业务将不仅仅是以种植业、养殖业为主，而是会逐渐向多样化发展。

（一）传统种植养殖型

随着农业产业的发展，市场化的实现，传统种植养殖型的家庭农场依然存在，他们成为我国农产品的主要供给者，但是家庭农场的经营管理会实现规模化、科技化、信息化和现代化。

记者 2013 年对浙江省嘉兴市海盐县 69 个已在工商注册并经当地农业部门认定的家庭农场（其中粮食种植为主的 52 个，经济作物为主的 17 个）进行了问卷调查，对 7 个包括家庭农场、农民合作社、农业企业在内的典型农业经营主体进行案例研究发现，家庭农场成为粮食生产的主力军。

（**资料来源**：家庭农场：未来粮食生产生力军——来自浙江海盐县的
实证研究．光明日报，2014 年 3 月 20 日）

（二）休闲观光创意型

随着家庭农场的发展，产业链开始延长，由第一产业向第二、三产业延伸，实现一、二、三产业的融合，将休闲农业纳入经营范围，提升农产品的附加值。家庭农场不再仅仅是从事种植业和养殖业，将融入休闲、娱乐、文化、创意等多元素，产生多风格的家庭农场，如运动型家庭农场、教育型家庭农场、艺术型家庭农场、科普型家庭农场等（详见表 8-2）。

表 8-2　休闲观光农业创意型家庭农场主题分类

运动类主题农场	应急训练主题农场、拓展运动主题农场、水上运动主题农场、趣味运动主题农场、山地运动主题农场、潜水俱乐部
养生类主题农场	香薰农场、足浴主题农场、药膳主题农场、温泉主题农场、泥疗泥浴主题农场、养生植物园、红酒养生会所、排毒养颜辟谷会所
新奇类主题农场	迷你农场、闺蜜农场、童话庄园、地图公园、货郎公社、渔樵人家、乡村达人乐园、乡村音乐世界、中华民族村

（续表）

教育类主题农场	国学启蒙农场、文学大观农场、趣味数学农场、历史探索农场、奇妙地理农场、美术涂鸦农场、珠心算培训主题农场
社科类主题农场	中国元素主题农场、非物质文化遗产主题农场、老手艺主题农场、环保创意主题农场、农耕文化主题农场、影视拍摄基地
产业类主题农场	水稻主题农庄、竹子主题农庄、辣椒主题农庄、百草园、百果园、百鸟园、昆虫养殖基地、自然农法基地、珍稀散养基地
行业类主题农场	铁路主题农场、航空主题农场、气象主题农场、水利主题农场、中医主题农场、玩具主题农场、灯具主题农场、家纺主题农场
文化类主题农场	茶文化主题农场、酒文化主题农场、巫文化主题农场、梯田文化主题农场、沙漠文化主题农场、犁文化主题农场
艺术类主题农场	漂流木艺术农场、稻草人艺术农场、陶瓷主题农场、书画主题农场、盆景主题农场、竹艺主题农场、草编主题农场

资料来源：根据相关资料整理。

（三）生态低碳环保型

生态低碳环保型家庭农场是指按照生态化、减量化、无害化理念，大力发展以特色农业、低碳农业和生态农业为主的家庭农场。

如以生态农业为主，在家庭农场中推广标准化养殖，普及高效养殖模式，推行"猪—沼—水稻（渔、菜）"等生态循环种养殖模式，推行"四有五化三效益"目标管理，即建设时"有规模、有市场、有效益、有配套"，经营管理中实行"生产组织化、管理科学化、营销网络化、技术标准化、产品品牌化"，从而实现"经济效益、社会效益、生态效益"三同步。

如皋市新时家庭农场循环种养打造生态农场

秸秆养猪，猪粪产沼气发电，沼渣、沼液用作名贵花木、葡萄、红高粱种植的有机肥料，相关残渣养蚯蚓……

养殖起步多种经营

在如皋市新时家庭农场，葡萄园里，一排排葡萄架在阳光下整齐地列队；花卉苗木区内，造型独特、色彩绚丽的各种名贵花木让人心旷神怡；垂钓区内，垂钓爱好者们正坐在伞下享受着"风起钓丝斜"的闲适自在；高粱、有机水稻正迎着似火的骄阳，茁壮地生长着。

农场主周学良其实并不是一名种植行家，而是一位养殖"老手"，他经营时来牧业有限公司已经7年了。"建这个农场的初衷其实很简单，随着养殖规模的扩大，粪污处理成为公司发展的一道难题，在如皋市农委专家的建议之下，我们将猪场中常年存栏的8 500头生猪产生的粪污进行发酵处理，产生清洁能源沼气、沼电，供应农场的运作，沼渣、沼液也作为有机肥料。"周学良告诉记者。

在这样的整合规划之下，新时家庭农场形成了"三足鼎立"的发展格局：标准化示范猪场——高效有机种植——休闲农业体验，开启了生态循环的发展模式。

种养循环齐头并进

农场里，一个绿顶蓝墙的圆形彩钢建筑格外引人注目，"江苏省农村清洁能源工程"，墙壁上这一排洁白的大字昭示着它举足轻重的地位："猪场粪污→沼气池→沼气发电→沼液、沼渣分离→肥料供应园区→草料喂猪"，周学良告诉记者，这便是农场目前已经形成的自循环系统。将猪场粪污处理与田间消纳有机结合，构建起"猪-沼-作物"的循环模式，从产出到利用到最后还田，环环相扣，通过不断延伸产业链，将规模养殖业的发展与生态保护、循环发展有效结合，实现了经济效益、社会效益、生态效益和环境效益的和谐统一。

多种经营模式下的新时农场兼顾生猪养殖、花木栽培、有机种植多元化经营，虽然去年才开始动工建设种植区，短短半年多时间，已初具规模。周学良说，在葡萄种植方面，我们与南京农业大学达成了产学研合作协议，农场就是他们新产品、新技术的试验和实践基地。"这个品种的葡萄果肉硬脆，是目前最受欢迎的品种之一"，尽管还未挂果，但对于市场销售，老周信心满满。地里的高粱还没成熟，却早早就定了买家——五粮液酒厂，用来生产香醇可口的佳酿。

产研结合前景可观

农场的快速发展离不开周学良一家的辛勤耕耘："我主要负责农场管理和产品销售，老婆负责花卉苗木种植，女儿负责农场财务，儿子则负责猪场管理。"家庭成员各司其职，使得农场的发展风生水起，蒸蒸日上。

谈及未来的发展，周学良告诉记者："下一阶段我们将以科学规划、种养循环、分步实施、以园养园、增加效益的理念，力争成为如皋具有代表性的种养循环经济示范场。"

不仅如此，踌躇满志的周学良有着更为长远的设想："希望能加强与大专院校、科研院所开展产学研合作，提升研发中心功能，开辟新的亮点特色。"建立农庄服务中心，办公资源充分利用，配套停车场、农家采摘、会务中心、职工公寓、人力资源服务等设施……这些绘成了周学良生态农场的理想蓝图。

（资料来源：新农网，2013 年 7 月 15 日）

（四）科技发展主导型

家庭农场在发展中与科技优势相结合，就能"如虎添翼"，快速发展。

一是发展"科技型"农业。家庭农场通过发展设施农业、节水农业、精准农业、品牌农业、育种农业等各类科技含量高的农业类型，充实家庭农场的发展道路。二是建设"科技型"基地。积极走"企业＋基地＋家庭农场"等发展模式之路，坚持将优良品种、先进技术运用到基地和家庭农场建设上，依托科技项目、组织技术力量，对基地和家庭农场建设的关键环节、突出问题开展技术攻关，同时搞好技术服务，提升家庭农场建设的科技含量与水平。三是培养"科技型"人才。对家庭农场主以及农村种养大户、科技示范户、返乡创业青年等家庭农场主潜在主体开展实用技术培训，并提升家庭农场劳动力的科技水平。

2014 年威海市科技型示范家庭农场申报标准

种植型家庭农场要求粮食集中连片种植 100 亩以上，蔬菜类、苗木花卉、优质林果类露天种植 50 亩以上，设施栽培 30 亩以上；水产养殖型家庭农场，特色水产养殖水面 100 亩以上，标准精养 50 亩以上；畜禽养殖型家庭农场，具备固定的场地场房，猪、羊等年出栏 500 头以上，肉禽年出栏 20 000 羽以上，蛋禽存栏 5 000 羽以上，奶牛存栏 50 头以上；种养结合型家庭农场，采用生态循环种养结合模式，主要产业规模达到种植业、水产业和养殖业标准下限的 70% 以上；休闲观光型家庭农场，发展农业休闲观光园、农家乐 100 亩以上，且配套设施齐全。

（资料来源：威海晚报，2014 年 6 月 18 日）

四、共生互补

家庭农场作为新型农业经营主体之一，将与专业大户、农民专业合作社、农业产业化龙头企业等其他新型农业经营主体共生互补。在实际运行中，各类新型农业经营主体并不互相排斥，也无高低、优劣之分，既可以独立运行，又可以多种形式并存、组合，形成充满活力的新型农业经营体系。

各个农业主体由于各自特点不同，在农业经营体系中的地位和作用不同、各有所长。家庭经营方式，如专业大户、家庭农场等规模经营户适宜种养业生产环节；合作经营方式，如农民合作社适宜农资采购、农产品销售和农业生产性服务环节；公司制经营方式，如农业龙头企业，适宜农产品加工、物流环节。

可能出现的合作模式有：家庭农场＋家庭农场模式，家庭农场＋农业专业合作社模式，家庭农场＋龙头企业模式，家庭农场＋农业专业合作社＋龙头企业模式等。

家庭农场在其未来发展中将与其他经营主体互补合作，彼此取长补短。

全国首家地市级家庭农场服务团体在我市获准成立登记

"泰州市家庭农场服务联盟" 4 月 7 日获市民政部门批准成立登记，这是全国首家地市级以服务家庭农场为主的专业社会团体。

2013 年 4 月，泰州市在全省率先出台家庭农场工商注册办法。两年来，新型农业经营主体尤其是家庭农场蓬勃发展，截至 2015 年 3 月全市经农经、工商部门认定、注册登记的家庭农场近 2 000 家。家庭农场在农业现代化建设进程中的重要作用日益凸显。为切实做好服务工作，促进家庭农场健康持续发展，2015 年 2 月，5 名农业科技工作者、2 家农资企业发起成立泰州市家庭农场服务联盟。

"联盟"拟通过农资零差价供应、零息贷款和农技社会化服务等途径，为会员免费开展"生产技术指导、培训，派驻农业技术专家；年度生产整体方案设计；信息平台共享；家庭农场规划、产业政策咨询、品牌建设建议；示范型家庭农场的评选、宣传、推介；粮食购销对接；金融信贷保险；团购组织谈判和生产物资供应，法律维权；农产品质量监管；优秀生产、经营、管理人才推荐；科研院所、专家学者联系；向党委、政府反映实际难题"等 12 类服务。

截至 4 月 13 日，"联盟"吸纳工商部门注册的种植类家庭农场 470 户（未包含兴化市）。目前，召开家庭农场服务联盟成立大会的各项工作正在有序准备之中。

（资料来源：山东泰州，2015 年 4 月 16 日）

五、制度养生

从理论上而言，家庭成员利益的一致性决定了农业家庭经营是监督成本最小的经营方式。这也是家庭农场保持家庭经营本色的特征之一。但随着家庭农场的逐渐发展、规模的逐渐扩大、雇用劳动者逐渐增多等，家庭农场将逐步按照规章制度进行类似于企业化的管理。这也是家庭农场长期可持续发展的重要保障。

在国家相关法律、法规的基础上，每个家庭农场自身也会根据自己的实际制定相应的规章制度。能够对人力资源进行科学管理，极大地调动家庭成员以及雇工的积极性；能够对生产要素进行科学管理，追求更高的生产效率和利润；能够建立相对独立完善的财务管理体系，对成本、利润等进行科学核算和规划。

另一方面，家庭农场不再局限于自我经营管理，而是以完善的规章制度作为基础走出去，与其他经营主体合作。同时，家庭农场也将随着市场的变化对家庭农场经营项目、经营方向等进行调整，制定适宜的经营战略规划。

未来的家庭农场将不再仅仅停滞在产业链的下游，而将会以一个市场积极参与者、市场影响者，甚至是市场引导者身份参与到市场活动中，在整个农业产业体系、市场运行体系中发挥积极作用。

🌳 复习思考题

1. 中国未来农业发展将呈现哪些特点？
2. 请简述家庭农场的发展对策。
3. 家庭农场的未来将如何？

附录　我国关于家庭农场
发展的相关文件

附录一　农业部关于促进家庭农场发展的指导意见

农经发〔2014〕1 号

近年来各地顺应形势发展需要，积极培育和发展家庭农场，取得了初步成效，积累了一定经验。为贯彻落实党的十八届三中全会、中央农村工作会议精神和中央 1 号文件要求，加快构建新型农业经营体系，现就促进家庭农场发展提出以下意见。

一、充分认识促进家庭农场发展的重要意义

当前，我国农业农村发展进入新阶段，要应对农业兼业化、农村空心化、农民老龄化，解决谁来种地、怎样种好地的问题，亟须加快构建新型农业经营体系。家庭农场作为新型农业经营主体，以农民家庭成员为主要劳动力，以农业经营收入为主要收入来源，利用家庭承包土地或流转土地，从事规模化、集约化、商品化农业生产，保留了农户家庭经营的内核，坚持了家庭经营的基础性地位，适合我国基本国情，符合农业生产特点，契合经济社会发展阶段，是农户家庭承包经营的升级版，已成为引领适度规模经营、发展现代农业的有生力量。各级农业部门要充分认识发展家庭农场的重要意义，把这项工作摆上重要议事日程，切实加强政策扶持和工作指导。

二、把握家庭农场基本特征

现阶段，家庭农场经营者主要是农民或其他长期从事农业生产的人员，

主要依靠家庭成员而不是依靠雇工从事生产经营活动。家庭农场专门从事农业，主要进行种养业专业化生产，经营者大都接受过农业教育或技能培训，经营管理水平较高，示范带动能力较强，具有商品农产品生产能力。家庭农场经营规模适度，种养规模与家庭成员的劳动生产能力和经营管理能力相适应，符合当地确定的规模经营标准，收入水平能与当地城镇居民相当，实现较高的土地产出率、劳动生产率和资源利用率。各地要正确把握家庭农场特征，从实际出发，根据产业特点和家庭农场发展进程，引导其健康发展。

三、明确工作指导要求

在我国，家庭农场作为新生事物，还处在发展的起步阶段。当前主要是鼓励发展、支持发展，并在实践中不断探索、逐步规范。发展家庭农场要紧紧围绕提高农业综合生产能力、促进粮食生产、农业增效和农民增收来开展，要重点鼓励和扶持家庭农场发展粮食规模化生产。要坚持农村基本经营制度，以家庭承包经营为基础，在土地承包经营权有序流转的基础上，结合培育新型农业经营主体和发展农业适度规模经营，通过政策扶持、示范引导、完善服务，积极稳妥地加以推进。要充分认识到，在相当长时期内普通农户仍是农业生产经营的基础，在发展家庭农场的同时，不能忽视普通农户的地位和作用。要充分认识到，不断发展起来的家庭经营、集体经营、合作经营、企业经营等多种经营方式，各具特色、各有优势，家庭农场与专业大户、农民合作社、农业产业化经营组织、农业企业、社会化服务组织等多种经营主体，都有各自的适应性和发展空间，发展家庭农场不排斥其他农业经营形式和经营主体，不只追求一种模式、一个标准。要充分认识到，家庭农场发展是一个渐进过程，要靠农民自主选择，防止脱离当地实际、违背农民意愿、片面追求超大规模经营的倾向，人为归大堆、垒大户。

四、探索建立家庭农场管理服务制度

为增强扶持政策的精准性、指向性，县级农业部门要建立家庭农场档案，县以上农业部门可从当地实际出发，明确家庭农场认定标准，对经营者资格、

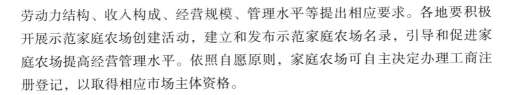

劳动力结构、收入构成、经营规模、管理水平等提出相应要求。各地要积极开展示范家庭农场创建活动，建立和发布示范家庭农场名录，引导和促进家庭农场提高经营管理水平。依照自愿原则，家庭农场可自主决定办理工商注册登记，以取得相应市场主体资格。

五、引导承包土地向家庭农场流转

健全土地流转服务体系，为流转双方提供信息发布、政策咨询、价格评估、合同签订指导等便捷服务。引导和鼓励家庭农场经营者通过实物计租货币结算、租金动态调整、土地经营权入股保底分红等利益分配方式，稳定土地流转关系，形成适度的土地经营规模。鼓励有条件的地方将土地确权登记、互换并地与农田基础设施建设相结合，整合高标准农田建设等项目资金，建设连片成方、旱涝保收的农田，引导流向家庭农场等新型经营主体。

六、落实对家庭农场的相关扶持政策

各级农业部门要将家庭农场纳入现有支农政策扶持范围，并予以倾斜，重点支持家庭农场稳定经营规模、改善生产条件、提高技术水平、改进经营管理等。加强与有关部门沟通协调，推动落实涉农建设项目、财政补贴、税收优惠、信贷支持、抵押担保、农业保险、设施用地等相关政策，帮助解决家庭农场发展中遇到的困难和问题。

七、强化面向家庭农场的社会化服务

基层农业技术推广机构要把家庭农场作为重要服务对象，有效提供农业技术推广、优良品种引进、动植物疫病防控、质量检测检验、农资供应和市场营销等服务。支持有条件的家庭农场建设试验示范基地，担任农业科技示范户，参与实施农业技术推广项目。引导和鼓励各类农业社会化服务组织开展面向家庭农场的代耕代种代收、病虫害统防统治、肥料统配统施、集中育苗育秧、灌溉排水、贮藏保鲜等经营性社会化服务。

八、完善家庭农场人才支撑政策

各地要加大对家庭农场经营者的培训力度，确立培训目标、丰富培训内容、增强培训实效，有计划地开展培训。要完善相关政策措施，鼓励中高等学校特别是农业职业院校毕业生、新型农民和农村实用人才、务工经商返乡人员等兴办家庭农场。将家庭农场经营者纳入新型职业农民、农村实用人才、"阳光工程"等培育计划。完善农业职业教育制度，鼓励家庭农场经营者通过多种形式参加中高等职业教育提高学历层次，取得职业资格证书或农民技术职称。

九、引导家庭农场加强联合与合作

引导从事同类农产品生产的家庭农场通过组建协会等方式，加强相互交流与联合。鼓励家庭农场牵头或参与组建合作社，带动其他农户共同发展。鼓励工商企业通过订单农业、示范基地等方式，与家庭农场建立稳定的利益联结机制，提高农业组织化程度。

十、加强组织领导

各级农业部门要深入调查研究，积极向党委、政府反映情况、提出建议，研究制定本地区促进家庭农场发展的政策措施，加强与发改、财政、工商、国土、金融、保险等部门协作配合，形成工作合力，共同推进家庭农场健康发展。要加强对家庭农场财务管理和经营指导，做好家庭农场统计调查工作。及时总结家庭农场发展过程中的好经验、好做法，充分运用各类新闻媒体加强宣传，营造良好社会氛围。

国有农场可参照本意见，对农场职工兴办家庭农场给予指导和扶持。

农业部

2014 年 2 月 24 日

附录二　中国人民银行关于做好家庭农场等新型农业经营主体金融服务的指导意见

中国人民银行上海总部，各分行、营业管理部，各省会（首府）城市中心支行，各副省级城市中心支行；国家开发银行、各政策性银行、国有商业银行、股份制商业银行、中国邮政储蓄银行；交易商协会：

为贯彻落实党的十八届三中全会、中央经济工作会议、中央农村工作会议和《中共中央国务院关于全面深化农村改革加快推进农业现代化的若干意见》（中发〔2014〕1 号）精神，扎实做好家庭农场等新型农业经营主体金融服务，现提出如下意见：

一、充分认识新形势下做好家庭农场等新型农业经营主体金融服务的重要意义

家庭农场、专业大户、农民合作社、产业化龙头企业等新型农业经营主体是当前实现农村农户经营制度基本稳定和农业适度规模经营有效结合的重要载体。培育发展家庭农场等新型农业经营主体，加大对新型农业经营主体的金融支持，对于加快推进农业现代化、促进城乡统筹发展和实现"四化同步"目标具有重要意义。人民银行各分支机构、各银行业金融机构要充分认识农业现代化发展的必然趋势和家庭农场等新型农业经营主体的历史地位，积极推动金融产品、利率、期限、额度、流程、风险控制等方面创新，合理调配信贷资源，扎实做好新型农业经营主体各项金融服务工作，支持和促进农民增收致富和现代农业加快发展。

二、切实加大对家庭农场等新型农业经营主体的信贷支持力度

各银行业金融机构对经营管理比较规范、主要从事农业生产、有一定生

产经营规模、收益相对稳定的家庭农场等新型农业经营主体，应采取灵活方式确定承贷主体，按照"宜场则场、宜户则户、宜企则企、宜社则社"的原则，简化审贷流程，确保其合理信贷需求得到有效满足。重点支持新型农业经营主体购买农业生产资料、购置农机具、受让土地承包经营权、从事农田整理、农田水利、大棚等基础设施建设维修等农业生产用途，发展多种形式规模经营。

三、合理确定贷款利率水平，有效降低新型农业经营主体的融资成本

对于符合条件的家庭农场等新型农业经营主体贷款，各银行业金融机构应从服务现代农业发展的大局出发，根据市场化原则，综合调配信贷资源，合理确定利率水平。对于地方政府出台了财政贴息和风险补偿政策以及通过抵质押或引入保险、担保机制等符合条件的新型农业经营主体贷款，利率原则上应低于本机构同类同档次贷款利率平均水平。各银行业金融机构在贷款利率之外不应附加收费，不得搭售理财产品或附加其他变相提高融资成本的条件，切实降低新型农业经营主体融资成本。

四、适当延长贷款期限，满足农业生产周期实际需求

对日常生产经营和农业机械购买需求，提供1年期以内短期流动资金贷款和1至3年期中长期流动资金贷款支持；对于受让土地承包经营权、农田整理、农田水利、农业科技、农业社会化服务体系建设等，可以提供3年期以上农业项目贷款支持；对于从事林木、果业、茶叶及林下经济等生长周期较长作物种植的，贷款期限最长可为10年，具体期限由金融机构与借款人根据实际情况协商确定。在贷款利率和期限确定的前提下，可适当延长本息的偿付周期，提高信贷资金的使用效率。对于林果种植等生产周期较长的贷款，各银行业金融机构可在风险可控的前提下，允许贷款到期后适当展期。

五、合理确定贷款额度，满足农业现代化经营资金需求

各银行业金融机构要根据借款人生产经营状况、偿债能力、还款来源、

贷款真实需求、信用状况、担保方式等因素，合理确定新型农业经营主体贷款的最高额度。

原则上，从事种植业的专业大户和家庭农场贷款金额最高可以为借款人农业生产经营所需投入资金的70%，其他专业大户和家庭农场贷款金额最高可以为借款人农业生产经营所需投入资金的60%。家庭农场单户贷款原则上最高可达1 000万元。鼓励银行业金融机构在信用评定基础上对农民合作社示范社开展联合授信，增加农民合作社发展资金，支持农村合作经济发展。

六、加快农村金融产品和服务方式创新，积极拓宽新型农业经营主体抵质押担保物范围

各银行业金融机构要加大农村金融产品和服务方式创新力度，针对不同类型、不同经营规模家庭农场等新型农业经营主体的差异化资金需求，提供多样化的融资方案。对于种植粮食类新型农业经营主体，应重点开展农机具抵押、存货抵押、大额订单质押、涉农直补资金担保、土地流转收益保证贷款等业务，探索开展粮食生产规模经营主体营销贷款创新产品；对于种植经济作物类新型农业经营主体，要探索蔬菜大棚抵押、现金流抵押、林权抵押、应收账款质押贷款等金融产品；对于畜禽养殖类新型农业经营主体，要重点创新厂房抵押、畜禽产品抵押、水域滩涂使用权抵押贷款业务；对产业化程度高的新型农业经营主体，要开展"新型农业经营主体＋农户"等供应链金融服务；对资信情况良好、资金周转量大的新型农业经营主体要积极发放信用贷款。人民银行各分支机构要根据中央统一部署，主动参与制定辖区试点实施方案，因地制宜，统筹规划，积极稳妥推动辖内农村土地承包经营权抵押贷款试点工作，鼓励金融机构推出专门的农村土地承包经营权抵押贷款产品，配置足够的信贷资源，创新开展农村土地承包经营权抵押贷款业务。

七、加强农村金融基础设施建设，努力提升新型农业经营主体综合金融服务水平

进一步改善农村支付环境，鼓励各商业银行大力开展农村支付业务创新，

推广 POS 机、网上银行、电话银行等新型支付业务，多渠道为家庭农场提供便捷的支付结算服务。支持农村粮食、蔬菜、农产品、农业生产资料等各类专业市场使用银行卡、电子汇划等非现金支付方式。探索依托超市、农资站等组建村组金融服务联系点，深化银行卡助农取款服务和农民工银行卡特色服务，进一步丰富村组的基础性金融服务种类。完善农村支付服务政策扶持体系。持续推进农村信用体系建设，建立健全对家庭农场、专业大户、农民合作社的信用采集和评价制度，鼓励金融机构将新型农业经营主体的信用评价与信贷投放相结合，探索将家庭农场纳入征信系统管理，将家庭农场主要成员一并纳入管理，支持守信家庭农场融资。

八、切实发挥涉农金融机构在支持新型农业经营主体发展中的作用

农村信用社（包括农村商业银行、农村合作银行）要增强支农服务功能，加大对新型农业经营主体的信贷投入；农业发展银行要围绕粮棉油等主要农产品的生产、收购、加工、销售，通过"产业化龙头企业＋家庭农场"等模式促进新型农业经营主体做大做强。积极支持农村土地整治开发、高标准农田建设、农田水利等农村基础设施建设，改善农业生产条件；农业银行要充分利用作为国有商业银行"面向三农"的市场定位和"三农金融事业部"改革的特殊优势，创新完善针对新型农业经营主体的贷款产品，探索服务家庭农场的新模式；邮政储蓄银行要加大对"三农"金融业务的资源配置，进一步强化县以下机构网点功能，不断丰富针对家庭农场等新型农业经营主体的信贷产品。农业发展银行、农业银行、邮政储蓄银行和农村信用社等涉农金融机构要积极探索支持新型农业经营主体的有效形式，可选择部分农业生产重点省份的县（市），提供"一对一服务"，重点支持一批家庭农场等新型农业经营主体发展现代农业。其他涉农银行业金融机构及小额贷款公司，也要在风险可控前提下，创新信贷管理体制，优化信贷管理流程，积极支持新型农业经营主体发展。

九、综合运用多种货币政策工具，支持涉农金融机构加大对家庭农场等新型农业经营主体的信贷投入

人民银行各分支机构要综合考虑差别准备金动态调整机制有关参数，引导地方法人金融机构增加县域资金投入，加大对家庭农场等新型农业经营主体的信贷支持。对于支持新型农业经营主体信贷投放较多的金融机构，要在发放支农再贷款、办理再贴现时给予优先支持。通过支农再贷款额度在地区间的调剂，不断加大对粮食主产区的倾斜，引导金融机构增加对粮食主产区新型农业经营主体的信贷支持。

十、创新信贷政策实施方式

人民银行各分支机构要将新型农业经营主体金融服务工作与农村金融产品和服务方式创新、农村金融产品创新示范县创建工作有机结合，推动涉农信贷政策产品化，力争做到"一行一品"，确保政策落到实处。充分发挥县域法人金融机构新增存款一定比例用于当地贷款考核政策的引导作用，提高县域法人金融机构支持新型农业经营主体的意愿和能力。深入开展涉农信贷政策导向效果评估，将对新型农业经营主体的信贷投放情况纳入信贷政策导向效果评估，以评估引导带动金融机构支持新型农业经营主体发展。

十一、拓宽家庭农场等新型农业经营主体多元化融资渠道

对经工商注册为有限责任公司、达到企业化经营标准、满足规范化信息披露要求且符合债务融资工具市场发行条件的新型家庭农场，可在银行间市场建立绿色通道，探索公开或私募发债融资。支持符合条件的银行发行金融债券专项用于"三农"贷款，加强对募集资金用途的后续监督管理，有效增加新型农业经营主体信贷资金来源。鼓励支持金融机构选择涉农贷款开展信贷资产证券化试点，盘活存量资金，支持家庭农场等新型农业经营主体发展。

十二、加大政策资源整合力度

人民银行各分支机构要积极推动当地政府出台对家庭农场等新型农业经

营主体贷款的风险奖补政策，切实降低新型农业经营主体融资成本。鼓励有条件的地区由政府出资设立融资性担保公司或在现有融资性担保公司中拿出专项额度，为新型农业经营主体提供贷款担保服务。各银行业金融机构要加强与办理新型农业经营主体担保业务的担保机构的合作，适当扩大保证金的放大倍数，推广"贷款＋保险"的融资模式，满足新型农业经营主体的资金需求。推动地方政府建立农村产权交易市场，探索农村集体资产有序流转的风险防范和保障制度。

十三、加强组织协调和统计监测工作

人民银行各分支机构要加强与地方政府有关部门和监管部门的沟通协调，建立信息共享和工作协调机制，确保对家庭农场等新型农业经营主体的金融服务政策落到实处。要积极开展对辖区内各经办银行的业务指导和统计分析，按户、按金融机构做好家庭农场等新型农业经营主体金融服务的季度统计报告，动态跟踪辖区内新型农业经营主体金融服务工作进展情况。同时要密切关注主要农产品生产经营形势、供需情况、市场价格变化，防范新型农业经营主体信贷风险。

请人民银行各分支机构将本通知转发至辖区内相关金融机构，并做好贯彻落实工作，有关落实情况和问题要及时上报总行。

中国人民银行

2014 年 2 月 13 日

附录三　中共中央办公厅、国务院办公厅印发《关于引导农村土地经营权有序流转发展农业适度规模经营的意见》

新华社北京 11 月 20 日电　近日，中共中央办公厅、国务院办公厅印发了《关于引导农村土地经营权有序流转发展农业适度规模经营的意见》，并发出通知，要求各地区各部门结合实际认真贯彻执行。

《关于引导农村土地经营权有序流转发展农业适度规模经营的意见》全文如下。

伴随我国工业化、信息化、城镇化和农业现代化进程，农村劳动力大量转移，农业物质技术装备水平不断提高，农户承包土地的经营权流转明显加快，发展适度规模经营已成为必然趋势。实践证明，土地流转和适度规模经营是发展现代农业的必由之路，有利于优化土地资源配置和提高劳动生产率，有利于保障粮食安全和主要农产品供给，有利于促进农业技术推广应用和农业增效、农民增收，应从我国人多地少、农村情况千差万别的实际出发，积极稳妥地推进。为引导农村土地（指承包耕地）经营权有序流转、发展农业适度规模经营，现提出如下意见。

一、总体要求

（一）指导思想

全面理解、准确把握中央关于全面深化农村改革的精神，按照加快构建以农户家庭经营为基础、合作与联合为纽带、社会化服务为支撑的立体式复合型现代农业经营体系和走生产技术先进、经营规模适度、市场竞争力强、生态环境可持续的中国特色新型农业现代化道路的要求，以保障国家粮食安全、促进农业增效和农民增收为目标，坚持农村土地集体所有，实现所有权、承包权、经营权三权分置，引导土地经营权有序流转，坚持家庭经营的基础性地位，积极培育新型经营主体，发展多种形式的适度规模经营，巩固和完善农村基本经营制度。改革的方向要明，步子要稳，既要加大政策扶持力度，加强典型示范引导，鼓励创新农业经营体制机制，又要因地制宜、循序渐进，不能搞大跃进，不能搞强迫命令，不能搞行政瞎指挥，使农业适度规模经营发展与城镇化进程和农村劳动力转移规模相适应，与农业科技进步和生产手段改进程度相适应，与农业社会化服务水平提高相适应，让农民成为土地流转和规模经营的积极参与者和真正受益者，避免走弯路。

（二）基本原则

——坚持农村土地集体所有权，稳定农户承包权，放活土地经营权，以家庭承包经营为基础，推进家庭经营、集体经营、合作经营、企业经营等多种经营方式共同发展。

——坚持以改革为动力，充分发挥农民首创精神，鼓励创新，支持基层先行先试，靠改革破解发展难题。

——坚持依法、自愿、有偿，以农民为主体，政府扶持引导，市场配置资源，土地经营权流转不得违背承包农户意愿、不得损害农民权益、不得改变土地用途、不得破坏农业综合生产能力和农业生态环境。

——坚持经营规模适度，既要注重提升土地经营规模，又要防止土地过度集中，兼顾效率与公平，不断提高劳动生产率、土地产出率和资源利用率，确保农地农用，重点支持发展粮食规模化生产。

二、稳定完善农村土地承包关系

（一）健全土地承包经营权登记制度

建立健全承包合同取得权利、登记记载权利、证书证明权利的土地承包经营权登记制度，是稳定农村土地承包关系、促进土地经营权流转、发展适度规模经营的重要基础性工作。完善承包合同，健全登记簿，颁发权属证书，强化土地承包经营权物权保护，为开展土地流转、调处土地纠纷、完善补贴

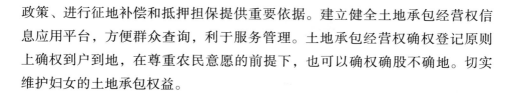

政策、进行征地补偿和抵押担保提供重要依据。建立健全土地承包经营权信息应用平台，方便群众查询，利于服务管理。土地承包经营权确权登记原则上确权到户到地，在尊重农民意愿的前提下，也可以确权确股不确地。切实维护妇女的土地承包权益。

（二）推进土地承包经营权确权登记颁证工作

按照中央统一部署、地方全面负责的要求，在稳步扩大试点的基础上，用5年左右时间基本完成土地承包经营权确权登记颁证工作，妥善解决农户承包地块面积不准、四至不清等问题。在工作中，各地要保持承包关系稳定，以现有承包台账、合同、证书为依据确认承包地归属；坚持依法规范操作，严格执行政策，按照规定内容和程序开展工作；充分调动农民群众积极性，依靠村民民主协商，自主解决矛盾纠纷；从实际出发，以农村集体土地所有权确权为基础，以第二次全国土地调查成果为依据，采用符合标准规范、农民群众认可的技术方法；坚持分级负责，强化县乡两级的责任，建立健全党委和政府统一领导、部门密切协作、群众广泛参与的工作机制；科学制订工作方案，明确时间表和路线图，确保工作质量。有关部门要加强调查研究，有针对性地提出操作性政策建议和具体工作指导意见。土地承包经营权确权登记颁证工作经费纳入地方财政预算，中央财政给予补助。

三、规范引导农村土地经营权有序流转

（一）鼓励创新土地流转形式

鼓励承包农户依法采取转包、出租、互换、转让及入股等方式流转承包地。鼓励有条件的地方制定扶持政策，引导农户长期流转承包地并促进其转移就业。鼓励农民在自愿前提下采取互换并地方式解决承包地细碎化问题。在同等条件下，本集体经济组织成员享有土地流转优先权。以转让方式流转承包地的，原则上应在本集体经济组织成员之间进行，且需经发包方同意。以其他形式流转的，应当依法报发包方备案。抓紧研究探索集体所有权、农

户承包权、土地经营权在土地流转中的相互权利关系和具体实现形式。按照全国统一安排，稳步推进土地经营权抵押、担保试点，研究制定统一规范的实施办法，探索建立抵押资产处置机制。

（二）严格规范土地流转行为

土地承包经营权属于农民家庭，土地是否流转、价格如何确定、形式如何选择，应由承包农户自主决定，流转收益应归承包农户所有。流转期限应由流转双方在法律规定的范围内协商确定。没有农户的书面委托，农村基层组织无权以任何方式决定流转农户的承包地，更不能以少数服从多数的名义，将整村整组农户承包地集中对外招商经营。防止少数基层干部私相授受，谋取私利。严禁通过定任务、下指标或将流转面积、流转比例纳入绩效考核等方式推动土地流转。

（三）加强土地流转管理和服务

有关部门要研究制定流转市场运行规范，加快发展多种形式的土地经营权流转市场。依托农村经营管理机构健全土地流转服务平台，完善县乡村三级服务和管理网络，建立土地流转监测制度，为流转双方提供信息发布、政策咨询等服务。土地流转服务主体可以开展信息沟通、委托流转等服务，但禁止层层转包从中牟利。土地流转给非本村（组）集体成员或村（组）集体受农户委托统一组织流转并利用集体资金改良土壤、提高地力的，可向本集体经济组织以外的流入方收取基础设施使用费和土地流转管理服务费，用于农田基本建设或其他公益性支出。引导承包农户与流入方签订书面流转合同，并使用统一的省级合同示范文本。依法保护流入方的土地经营权益，流转合同到期后流入方可在同等条件下优先续约。加强农村土地承包经营纠纷调解仲裁体系建设，健全纠纷调处机制，妥善化解土地承包经营流转纠纷。

（四）合理确定土地经营规模

各地要依据自然经济条件、农村劳动力转移情况、农业机械化水平等因素，研究确定本地区土地规模经营的适宜标准。防止脱离实际、违背农民意愿，片面追求超大规模经营的倾向。现阶段，对土地经营规模相当于当地户均承包地面积 10 至 15 倍、务农收入相当于当地二三产业务工收入的，应当给予重点扶持。创新规模经营方式，在引导土地资源适度集聚的同时，通过农民的合作与联合、开展社会化服务等多种形式，提升农业规模化经营水平。

（五）扶持粮食规模化生产

加大粮食生产支持力度，原有粮食直接补贴、良种补贴、农资综合补贴归属由承包农户与流入方协商确定，新增部分应向粮食生产规模经营主体倾斜。在有条件的地方开展按照实际粮食播种面积或产量对生产者补贴试点。对从事粮食规模化生产的农民合作社、家庭农场等经营主体，符合申报农机购置补贴条件的，要优先安排。探索选择运行规范的粮食生产规模经营主体开展目标价格保险试点。抓紧开展粮食生产规模经营主体营销贷款试点，允许用粮食作物、生产及配套辅助设施进行抵押融资。粮食品种保险要逐步实现粮食生产规模经营主体愿保尽保，并适当提高对产粮大县稻谷、小麦、玉米三大粮食品种保险的保费补贴比例。各地区各有关部门要研究制定相应配套办法，更好地为粮食生产规模经营主体提供支持服务。

（六）加强土地流转用途管制

坚持最严格的耕地保护制度，切实保护基本农田。严禁借土地流转之名违规搞非农建设。严禁在流转农地上建设或变相建设旅游度假村、高尔夫球场、别墅、私人会所等。严禁占用基本农田挖塘栽树及其他毁坏种植条件的行为。严禁破坏、污染、圈占闲置耕地和损毁农田基础设施。坚决查处通过"以租代征"违法违规进行非农建设的行为，坚决禁止擅自将耕地"非农化"。利用规划和标准引导设施农业发展，强化设施农用地的用途监管。采取措施保证流转土地用于农业生产，可以通过停发粮食直接补贴、良种补贴、农资综合补贴等办法遏制撂荒耕地的行为。在粮食主产区、粮食生产功能区、高产创建项目实施区，不符合产业规划的经营行为不再享受相关农业生产扶持政策。合理引导粮田流转价格，降低粮食生产成本，稳定粮食种植面积。

四、加快培育新型农业经营主体

（一）发挥家庭经营的基础作用

在今后相当长时期内，普通农户仍占大多数，要继续重视和扶持其发展农业生产。重点培育以家庭成员为主要劳动力、以农业为主要收入来源，从事专业化、集约化农业生产的家庭农场，使之成为引领适度规模经营、发展现代农业的有生力量。分级建立示范家庭农场名录，健全管理服务制度，加强示范引导。鼓励各地整合涉农资金建设连片高标准农田，并优先流向家庭农场、专业大户等规模经营农户。

（二）探索新的集体经营方式

集体经济组织要积极为承包农户开展多种形式的生产服务，通过统一服务降低生产成本、提高生产效率。有条件的地方根据农民意愿，可以统一连片整理耕地，将土地折股量化、确权到户，经营所得收益按股分配，也可以引导农民以承包地入股组建土地股份合作组织，通过自营或委托经营等方式发展农业规模经营。各地要结合实际不断探索和丰富集体经营的实现形式。

（三）加快发展农户间的合作经营

鼓励承包农户通过共同使用农业机械、开展联合营销等方式发展联户经营。鼓励发展多种形式的农民合作组织，深入推进示范社创建活动，促进农民合作社规范发展。在管理民主、运行规范、带动力强的农民合作社和供销合作社基础上，培育发展农村合作金融。引导发展农民专业合作社联合社，支持农民合作社开展农社对接。允许农民以承包经营权入股发展农业产业化经营。探索建立农户入股土地生产性能评价制度，按照耕地数量质量、参照当地土地经营权流转价格计价折股。

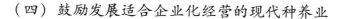

（四）鼓励发展适合企业化经营的现代种养业

鼓励农业产业化龙头企业等涉农企业重点从事农产品加工流通和农业社会化服务，带动农户和农民合作社发展规模经营。引导工商资本发展良种种苗繁育、高标准设施农业、规模化养殖等适合企业化经营的现代种养业，开发农村"四荒"资源发展多种经营。支持农业企业与农户、农民合作社建立紧密的利益联结机制，实现合理分工、互利共赢。支持经济发达地区通过农业示范园区引导各类经营主体共同出资、相互持股，发展多种形式的农业混合所有制经济。

（五）加大对新型农业经营主体的扶持力度

鼓励地方扩大对家庭农场、专业大户、农民合作社、龙头企业、农业社会化服务组织的扶持资金规模。支持符合条件的新型农业经营主体优先承担涉农项目，新增农业补贴向新型农业经营主体倾斜。加快建立财政项目资金直接投向符合条件的合作社、财政补助形成的资产转交合作社持有和管护的管理制度。各省（自治区、直辖市）根据实际情况，在年度建设用地指标中可单列一定比例专门用于新型农业经营主体建设配套辅助设施，并按规定减免相关税费。综合运用货币和财税政策工具，引导金融机构建立健全针对新型农业经营主体的信贷、保险支持机制，创新金融产品和服务，加大信贷支持力度，分散规模经营风险。鼓励符合条件的农业产业化龙头企业通过发行短期融资券、中期票据、中小企业集合票据等多种方式，拓宽融资渠道。鼓励融资担保机构为新型农业经营主体提供融资担保服务，鼓励有条件的地方通过设立融资担保专项资金、担保风险补偿基金等加大扶持力度。落实和完善相关税收优惠政策，支持农民合作社发展农产品加工流通。

（六）加强对工商企业租赁农户承包地的监管和风险防范

各地对工商企业长时间、大面积租赁农户承包地要有明确的上限控制，建立健全资格审查、项目审核、风险保障金制度，对租地条件、经营范围和违规处罚等作出规定。工商企业租赁农户承包地要按面积实行分级备案，严格准入门槛，加强事中事后监管，防止浪费农地资源、损害农民土地权益，防范承包农户因流入方违约或经营不善遭受损失。定期对租赁土地企业的农业经营能力、土地用途和风险防范能力等开展监督检查，查验土地利用、合同履行等情况，及时查处纠正违法违规行为，对符合要求的可给予政策扶持。有关部门要抓紧制定管理办法，并加强对各地落实情况的监督检查。

五、建立健全农业社会化服务体系

（一）培育多元社会化服务组织

巩固乡镇涉农公共服务机构基础条件建设成果。鼓励农技推广、动植物防疫、农产品质量安全监管等公共服务机构围绕发展农业适度规模经营拓展服务范围。大力培育各类经营性服务组织，积极发展良种种苗繁育、统防统治、测土配方施肥、粪污集中处理等农业生产性服务业，大力发展农产品电子商务等现代流通服务业，支持建设粮食烘干、农机场库棚和仓储物流等配套基础设施。农产品初加工和农业灌溉用电执行农业生产用电价格。鼓励以县为单位开展农业社会化服务示范创建活动。开展政府购买农业公益性服务试点，鼓励向经营性服务组织购买易监管、可量化的公益性服务。研究制定政府购买农业公益性服务的指导性目录，建立健全购买服务的标准合同、规范程序和监督机制。积极推广既不改变农户承包关系，又保证地有人种的托管服务模式，鼓励种粮大户、农机大户和农机合作社开展全程托管或主要生产环节托管，实现统一耕作，规模化生产。

（二）开展新型职业农民教育培训

制定专门规划和政策，壮大新型职业农民队伍。整合教育培训资源，改善农业职业学校和其他学校涉农专业办学条件，加快发展农业职业教育，大力发展现代农业远程教育。实施新型职业农民培育工程，围绕主导产业开展农业技能和经营能力培养培训，扩大农村实用人才带头人示范培养培训规模，加大对专业大户、家庭农场经营者、农民合作社带头人、农业企业经营管理人员、农业社会化服务人员和返乡农民工的培养培训力度，把青年农民纳入国家实用人才培养计划。努力构建新型职业农民和农村实用人才培养、认定、扶持体系，建立公益性农民培养培训制度，探索建立培育新型职业农民制度。

（三）发挥供销合作社的优势和作用

扎实推进供销合作社综合改革试点，按照改造自我、服务农民的要求，把供销合作社打造成服务农民生产生活的生力军和综合平台。利用供销合作社农资经营渠道，深化行业合作，推进技物结合，为新型农业经营主体提供服务。推动供销合作社农产品流通企业、农副产品批发市场、网络终端与新型农业经营主体对接，开展农产品生产、加工、流通服务。鼓励基层供销合作社针对农业生产重要环节，与农民签订服务协议，开展合作式、订单式服务，提高服务规模化水平。

土地问题涉及亿万农民切身利益，事关全局。各级党委和政府要充分认识引导农村土地经营权有序流转、发展农业适度规模经营的重要性、复杂性和长期性，切实加强组织领导，严格按照中央政策和国家法律法规办事，及时查处违纪违法行为。坚持从实际出发，加强调查研究，搞好分类指导，充分利用农村改革试验区、现代农业示范区等开展试点试验，认真总结基层和农民群众创造的好经验好做法。加大政策宣传力度，牢固树立政策观念，准确把握政策要求，营造良好的改革发展环境。加强农村经营管理体系建设，明确相应机构承担农村经管工作职责，确保事有人干、责有人负。各有关部门要按照职责分工，抓紧修订完善相关法律法规，建立工作指导和检查监督制度，健全齐抓共管的工作机制，引导农村土地经营权有序流转，促进农业适度规模经营健康发展。

附录四　上海市人民政府办公厅
关于本市加快推进家庭农场发展的指导意见

沪府办发〔2013〕51 号

各区、县人民政府，市政府各委、办、局：

为贯彻中共中央、国务院《关于加快发展现代农业进一步增强农村发展活力的若干意见》（中发〔2013〕1 号），稳定完善农村基本经营制度，积极培育新型农业经营主体，加快发展上海都市现代农业，经市政府同意，现就本市加快推进家庭农场发展提出指导意见如下。

一、充分认识加快发展家庭农场的重要意义

当前，上海农业农村发展进入了新阶段。应对日益加剧的农业兼业化、农民老龄化的趋势，解决今后谁来种地、怎样种好地的问题，亟须创新以家庭农场为重点的现代农业经营主体。家庭农场是指以家庭成员为主要劳动力，从事农业规模化、集约化、商品化生产经营，并以农业为主要收入来源的新型农业经营主体。本市松江区培育和发展粮食生产家庭农场，走出了一条规模适度、集约生产、专业经营、农民增收的发展新路子，为发展都市现代农业提供了经验。

实践证明，发展家庭农场是坚持和完善农村基本经营制度的必然选择。家庭经营符合农业生产自身的特点，具有广泛的适应性和旺盛的生命力。发展家庭农场，有利于实现农业适度规模经营，提高劳动生产率；有利于培育新型职业农民，增加农民收入；有利于控制大城市人口过快增长，改善农村生态环境。各区县要围绕提高农业综合生产能力、促进农民增收、推进城乡一体化这一目标，积极创造条件，大力推广松江区培育和发展粮食生产家庭农场的经验和做法，坚持农村基本经营制度和家庭经营主体地位，在加快土地有序规范流转的基础上，加强示范引导，加大扶持力度，完善服务管理，推动家庭农场健康发展，为建设都市现代农业和城乡一体化发展提供持续的

动力和活力。

二、把握家庭农场发展的总体要求和基本特征

（一）总体要求

以科学发展观为指导，以加快构建本市新型农业经营体系为目标，坚持稳定完善农村基本经营制度，强化农民群众主体地位；坚持发展现代农业导向，提高农业综合生产能力；坚持适度规模取向，优化资源要素配置运用；坚持统筹扶持推进，加强引导支持与服务保障。在郊区县加快推广粮食生产家庭农场，积极探索粮食经作型、果蔬园艺型家庭农场，到"十二五"末，努力形成家庭农场和农民专业合作社、农业龙头企业等多种农业经营主体协同配合、互促共进的局面，推动都市现代农业稳定健康发展。

（二）基本特征

一是家庭经营。家庭农场的经营者是本地专业农民，主要依靠家庭成员从事农业生产活动；除季节性、临时性聘用短期用工外，一般不常年雇用外来劳动力从事家庭农场的生产经营活动。二是规模适度。家庭农场经营土地规模要与经营者的劳动生产能力相适应。现阶段粮食生产家庭农场的土地规模以 100～150 亩为宜，今后随着农业生产力水平的进一步提高、农业劳动力的进一步转移，可逐步扩大土地规模。三是一业为主。家庭人员的主要职业是农业，家庭主要收入来源于农业收入。四是集约生产。家庭农场经营者要接受过农业技能培训；家庭农场经营活动有比较完整的财务收支记录；对其他农户开展农业生产要有示范带动作用。与小规模农户相比，家庭农场的劳动生产率、土地产出率和资源利用率要有明显提高。

三、明确建立、扶持发展家庭农场的政策措施

（一）引导土地优先流向家庭农场

坚持"依法、自愿、有偿"的原则，积极引导农村土地有序规范流转。

鼓励通过建立老年农民养老补贴机制等，引导农民将土地承包经营权委托村委会统一流转，组建家庭农场。加强全市涉农乡镇土地流转服务平台的规范化建设，健全农村土地流转服务网络，为农村土地流转提供法律政策咨询、流转信息发布、流转价格评估、合同签订指导和利益关系协调等服务。

（二）建立家庭农场登记建档制度

在区县农业部门建立家庭农场初始登记制度，切实保护好家庭农场的土地经营权。各级农业部门要明确认定标准，主要包括经营者资格、劳动力结构、收入构成、经营规模、土地流转期限、管理水平等。开展家庭农场名录建档、培训、跟踪管理和服务，增强扶持政策的针对性。建立对家庭农场的年度报备制度，为建立家庭农场的退出机制和创建示范性家庭农场创造条件。

（三）健全家庭农场财政扶持政策

市、区县要安排专项奖补资金，对土地出租期限较长的流出农户和引导培育家庭农场发展的村委会实行考核奖补，加快农村土地有序规范流转，为发展家庭农场创造条件。要将家庭农场纳入现有财政支农政策扶持范围，并予以倾斜，通过贷款贴息、项目补助、定额奖励等形式，支持家庭农场改善生产条件、实行标准化管理、降低经营风险等，逐步提高家庭农场的土、水、路、电等建设标准。

（四）执行家庭农场工商税费扶持政策

家庭农场可在自愿的基础上，到工商部门办理登记，申领营业执照，依法取得市场主体资格。家庭农场按规定享受国家对农业生产、加工、流通、服务和其他涉农经济活动相应的税收优惠。税务部门要对经工商登记后的家庭农场完善税收管理，在税务登记、纳税申报、发票领用等环节为家庭农场提供优质、便捷的服务。税务、农业部门要密切配合，指导家庭农场履行税务登记和纳税申报，确保家庭农场可享受的国家各项税收优惠政策落实到位。

（五）加大金融保险电力支持力度

积极创新担保方式，将家庭农场纳入小额信贷保证保险范围，为家庭农场提供发展生产所需贷款服务。将家庭农场纳入政策性农业保险范围，并予以政策倾斜；增加农业保险在家庭农场的险种，为家庭农场发展提供保障。家庭农场中从事粮食、蔬菜等种植业的用电、粮食烘干机械的用电以及各种畜禽产品养殖、水产养殖的用电，执行农业生产用电价格。

（六）完善家庭农场人才培育培训

把家庭农场经营者纳入新型职业农民培训范围，根据从业特点及能力素质要求，科学制定教育培训计划并组织实施，确定培训的主要内容、方式方法、经费投入等。探索建立教育培训制度，制定认定管理办法和扶持政策。充分利用各类培训资源，加大对家庭农场经营者培训力度，提高他们的生产技能和经营管理水平，逐步培养一批有文化、懂技术、善管理、会经营的家庭农场经营者。在选择家庭农场经营者时，坚持本集体经济组织成员优先的原则，鼓励吸引爱农、懂农、务农的本地人士兴办家庭农场。

（七）强化对家庭农场提供社会化服务

加快构建新型农业社会化服务体系，培育多元化、多形式、多层次的农业生产性服务组织，为家庭农场提供各类服务。各有关区县都要建立农技人员联系家庭农场制度，及时提供各类信息、技术、经营等指导服务。进一步拓展农业社会化服务，解决家庭农场在生产经营中办不好、办不了的问题。发展粮食订单收购，搞好粮食流通市场的信息指导服务，形成稳定售粮渠道。要探索农机社会化服务新机制，鼓励机农合一、互助合作，推进以公共投入为主的粮食烘干中心（基地）、扶持农机维修保养和零配件供应服务组织发展，为家庭农场提供有力保障。鼓励组建家庭农场协会，加强相互交流与协作。

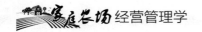

四、落实加快家庭农场发展的保障措施

（一）加强组织领导

有关区县要进一步统一思想，提高认识，把加快发展家庭农场作为"三农"工作的重要任务来抓。各级农业、财税、工商、金融、保险、电力等部门、单位要认真履行各自对家庭农场的管理、指导和服务职责，加强沟通协作，形成扶持合力。各级政府要加强对家庭农场培育发展的统筹协调，将家庭农场发展纳入干部考核内容。要采取措施，加大非农就业力度，进一步转移农村富余劳动力，为发展家庭农场创造条件。有关区县要结合实际，制定家庭农场发展规划，明确发展目标和重点。各级农业部门要发挥发展家庭农场的主力军作用，做好对家庭农场的调查、监测和分析，加强发展机制和规律研究，着力破解发展难题。

（二）加强指导服务

发展家庭农场要求实效，杜绝形式主义，防止一哄而上，防止片面追求数量和规模。有关区县既要积极借鉴松江区的经验和做法，又要结合本地实际，因地制宜，创造性地开展工作。有关区县、乡镇要认真研究制定本地区示范性家庭农场标准，加强指导、分级管理、分类扶持。尚未创建家庭农场的地区要加强排摸，创造条件，选择试点，以点带面，逐步推广。已创建家庭农场的地区，要建立健全家庭农场经营资格评估制度与建立考核退出机制，不断提高家庭农场的质量水平。鼓励各类家庭农场发展多种经营，实现忙闲相济，并按照科学种田的要求，通过粮经结合、种养结合、机农结合，不断提高家庭农场的综合效益。

（三）加强宣传引导

要充分运用各类媒体，开展家庭农场相关政策和先进典型宣传，表彰奖励培育、指导和扶持家庭农场的单位和个人。及时总结家庭农场发展过程中的经验和做法，加强学习交流，努力营造领导重视、群众关注、社会支持发展家庭农场的良好氛围，促进家庭农场全面健康发展。有关区县要按照本指导意见精神，结合实际，制定相关实施意见。

本指导意见从 2013 年 10 月 1 日起实施，有效期至 2018 年 9 月 30 日。

上海市人民政府办公厅

2013 年 9 月 22 日

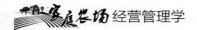

附录五　上海市关于做好 2014 年本市
农民培训工作的通知

各区、县农委：

2014 年本市的农民培训工作，将贯彻落实 2014 年中央 1 号文件和上海市农村工作会议精神，大力培育新型职业农民，加快构建新型经营体系，提高务农人员生产技能和经营管理水平，确保市场有效供给，保持农民收入持续较快增长。结合本市实际，现就做好 2014 年本市农民培训工作通知如下。

一、工作目标

坚持立足产业、需求导向，政府主导，加快培养家庭农场经营者、农民专业合作社管理人员、农业企业等新型经营主体骨干成员。继续开展农业实用技术培训和单项技术培训，提升农民职业技能水平。加快建立适合本市特点的新型职业农民培育制度体系，着力培养一支有文化、懂技术、会经营的新型职业农民队伍。积极推进农业职业技能培训和鉴定工作，加快研究相关配套政策，探索推进农民持证上岗。

二、主要任务

（一）实施家庭农场经营者、农民专业合作社管理人员等新型经营主体骨干成员培训

以家庭农场经营者、合作社理事长、财务、营销等生产骨干为重点，分行业、分区域，根据产业特点和实际情况，创新适合当地和行业特点的培训模式，使新型经营主体逐步走向"规模化、集约化、品牌化"。

（二）开展农业实用技术培训

以稳定从事粮食、蔬菜、水产、畜禽、农机等生产经营规模较大、有一定文化程度的农民为重点，由区县按产业特点和当年实际需求，根据全市统

一制定的教学规范，形成具有区域特色的针对性课件和教案并组织实施。

（三）多层次、多形式开展农业单项技术培训

以加强农产品质量安全、农业生产安全和新农村建设等培训为主要内容的单项知识和技能培训。培训方式以知识普及、辅导讲座、远程教育、现场技术指导等为主，努力提高农民单项实用知识和技能水平。

（四）开展农村劳动力阳光工程培训和技能鉴定

充分依托行业技术优势，主推各行业示范技术，以推广水稻、麦子高产示范方、区域特色农产品、畜牧、水产标准化养殖场、标准化菜田以及拖拉机驾驶、维修技术为主的技术推广培训和鉴定工作。

（五）全面推进新型职业农民培育工作

在浦东新区、崇明县第一批试点示范的基础上，今年将在本市全面推进新型职业农民培育工作。根据农业部新要求和新思路，重点培养一批"有文化、懂技术、会经营"的新型职业农民；培训内容转向粮食等主要农产品生产以及促进农民增收的特色产业发展；培训模式转向适应成人学习和农业生产规律的"分段式、重实训、参与式"的培养模式。

三、工作要求

（一）强化领导，明确任务

各区县要高度重视农民培训工作，建立健全培训工作的推进机制，分管领导要亲自抓，形成一级抓一级、层层抓落实的工作机制。农民培训机构要结合实际进一步细化农民培训实施方案、培训计划和配套措施，通过整合培训资源，明确落实培训任务，严格执行培训计划。

（二）求真务实，确保实效

各级农民培训机构在培训之前要开展摸底调查，了解农民产业发展情况

和需求，制订有针对性的培训计划，严格按照培训计划开展工作。要加强农民培训教材的规划、建设和管理，选择科学、权威，图文并茂、通俗易懂的教材，保证参训农民人手一套。培训课程要适应本地农民特点和学习规律，提高培训针对性、实用性和规范性。

（三）加强监管，规范资金

农民培训实施分级管理、分层负责。培训过程中，市农委将开展项目绩效评估，评估各地组织管理、资金安排及监管、培训任务落实、参训农民满意度等情况，并将评估结果直接与下年度项目资金任务安排挂钩。各培训机构要力争当年度完成培训任务，保证培训资金专款专用，发挥好项目经费的使用效益；建立完备台账，过程信息要及时面向社会公开，接受群众监督，要把农民满意度作为衡量工作效果的重要参考指标；要建立准确、完备的参训人员电子档案，及时将相关信息录入农业部和本市信息系统，市农委将适时进行随机抽查。

特此通知。

附件：2014 年区县农民培训项目任务表

上海市农业委员会

2014 年 6 月 18 日

附录5.1　2014 年崇明县农民培训项目任务表

序号	培训项目	培训人数（人）
一、	新型职业农民培训	
1.	生产经营型职业农民	240
2.	专业技能型职业农民	0
3.	社会服务型职业农民	0
二、	合作社管理人员培训	
1.	营销人员和生产骨干	80
三、	农业实用技术培训	

（续表）

序号	培训项目	培训人数（人）
1.	种植业生产服务人员	580
2.	蔬菜生产服务人员	460
3.	畜牧、兽医生产服务人员	290
4.	渔业生产服务人员	240
5.	农机服务人员	100
6.	农村社会管理人员	180
7.	农业要素经纪人	210
8.	田间培训基地人员	190
9.	农业旅游管理员	40
10.	农业旅游服务人员	60
四、	单项引导性技术培训	
1.	农产品质量安全	2 150 人次
2.	农业安全生产	2 500 人次
3.	新农村建设	6 700 人次
4.	农业政策法规	2 100 人次
5.	农村经营管理常识	1 800 人次
6.	实用农业科学知识普及	1 800 人次
五、	配套农业部阳光工程项目	
1.	种植业生产服务人员	142
2.	蔬菜生产服务人员	180
3.	畜牧、兽医生产服务人员	452
4.	渔业生产服务人员	717
5.	农机驾驶人员	250
6.	农机维修人员	36

附录 5.2　2014 年松江区农民培训项目任务表

序号	培训项目	培训人数（人）
一、	新型职业农民培训	
1.	生产经营型职业农民	300

233

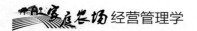

（续表）

序号	培训项目	培训人数（人）
2.	专业技能型职业农民	0
3.	社会服务型职业农民	0
二、	合作社管理人员培训	
1.	村级农副主任及农技管理人员	80
三、	农业实用技术培训	
1.	种植业生产服务人员	1 000
2.	蔬菜生产服务人员	100
3.	畜牧、兽医生产服务人员	50
4.	渔业生产服务人员	0
5.	农机服务人员	150
6.	农村社会管理人员	0
7.	农业要素经纪人	0
8.	田间培训基地人员	0
四、	单项引导性技术培训	
1.	农产品质量安全	1 200 人次
2.	农业安全生产	1 400 人次
3.	新农村建设	1 200 人次
4.	农业政策法规	1 300 人次
5.	农村经营管理常识	1 400 人次
6.	实用农业科学知识普及	900 人次
五、	配套农业部阳光工程项目	
1.	种植业生产服务人员	164
2.	蔬菜生产服务人员	130
3.	畜牧、兽医生产服务人员	151
4.	渔业生产服务人员	20
5.	农机驾驶人员	160
6.	农机维修人员	45

附录 5.3　2014 年浦东新区农民培训项目任务表

序号	培训项目	培训人数（人）
一、	新型职业农民培训	
1.	生产经营型职业农民	200
2.	专业技能型职业农民	0
3.	社会服务型职业农民	160
二、	新型职业农民继续教育	259
三、	农业实用技术培训	827
四、	单项引导性技术培训	18 000 人次
五、	农业社会化服务人员培训	250
六、	教学管理人员和教师培训	100
七、	职业技能培训	600
八、	村两委干部培训	400

参考文献

［1］魏巍，李万明. 农业劳动生产率的影响因素分析与提升路径［J］. 农业经济问题，2012（10）：29～35

［2］中华人民共和国国家统计局. 2012 年中国统计年鉴［M］. 北京：中国经济出版社，2012：186

［3］廖西元，申红芳，王志刚. 中国特色农业规模经营"三步走"战略［J］. 农业经济问题，2011（12）：15～22

［4］曹茸，宋修伟. 发展家庭农场：意义重大，难题待解［N］. 农民日报，2013－03－08

［5］陈劲松. 2011 年中国农村经济形势分析与 2012 年展望［J］. 中国农村经济，2012（2）：1～9

［6］黎东升，曾令香. 我国家庭农场发展的现状与对策［J］. 福建农业大学学报，2000：3（3）：5～8

［7］陈祖海，杨婷. 我国家庭农场经营模式与路径探讨［J］. 湖北农业科学，2013：52（17）：84～85

［8］中共中央党史研究室. 中国共产党历史：第 1 卷（下册）［M］. 北京：中共党史出版社，2002，第 1108 页

［9］陈光金. 中国乡村现代化的回顾和前瞻［M］. 长沙：湖南出版社，1995：191

［10］刘圣维. 我国发展家庭农场需解决的问题及未来展望［J］. 南方农业，2014 年 4 月

［11］中国农业全书浙江卷编辑委员会. 中国农业全书（浙江卷）［M］. 北京：中国农业出版社，1997：395

［12］孙永正. 规模经营：农业增长方式转变的必由之路［J］. 农业经济，1996（2）：12

［13］农业部. 农业部关于促进家庭农场发展的指导意见. 农经发［2014］1 号，2014 年 2 月 24 日

［14］王洪清. 祁春节. 家庭经营体制的历史变迁、规模效率及其下一步［J］. 三农新解，2013 年第 4 期，总第 230 期，91～96

［15］范传棋，谭静，雷俊忠. 培育发展家庭农场的若干思考［J］. 农业经济，2013（8）

［16］赵远志. 多功能农业视角下农业规模经营模式评价——基于浙江的案例［D］. 浙江农林大学，2012

［17］徐庆，等. 规模经济、规模报酬与农业适度规模经营——基于我国粮食生产的实证研究［J］. 经济研究，2011（3）：59～72

［18］苏智慧. 河南省农业适度规模经营的对策研究［D］. 信阳师范学院，2013

［19］邱长生. 农村劳动力转移、土地流转及土地规模经营三维互锁研究［D］. 西南大学，2007

［20］王群. 农业规模经营初探［D］. 吉林大学，2004

［21］吴桢培. 农业适度规模经营的理论与实证研究——以湖南省农户水稻种植规模为例［D］. 中国农业科学院，2011

［22］王培先. 适度规模经营：我国农业现代化的微观基础——一个新的分析框架［D］. 复旦大学，2003

［23］薛凤蕊. 土地规模经营模式及效果评价——以内蒙古鄂尔多斯市为例［D］. 内蒙古农业大学，2010

［24］杨晓琳. 我国发展现代农业进程中的土地规模经营分析［D］. 西南财经大学，2008

［25］卢栎仁. 阿尔钦——科斯理论的推广者［J］. 产权刊导，2009（11）：72～74

［26］周刚华. 关于现代西方产权理论的认识与思考［J］. 商业研究，

2002（10）：10～13

[27] 徐淑丹. 马克思产权理论和现代西方产权理论的比较分析 [J]. 改革与开放，2012（7）：52～54

[28] 杨光. 马克思产权理论与西方产权理论比较分析及其现实意义 [D]. 吉林大学，2007

[29] 高元禄. 中国农村土地产权问题研究 [D]. 吉林大学，2007

[30] 吕天奇. 马克思与西方学者产权理论的观点综述与分析 [J]. 西南民族大学学报（人文社科版），2004（3）：121～126

[31] 张春霖. 产权概念和产权研究的方法——读哈·德姆塞茨《关于产权的理论》[J]. 经济社会体制比较，1990（12）：56～58

[32] 杜旭宇. 外在性、效率与产权——H·德姆塞茨的产权理论及其启示 [J]. 延安大学学报（社会科学版），1996（9）：29～32

[33] 毕宝德. 土地经济学（第五版）[M]. 北京：中国人民大学出版社，2006

产权 [EB/OL]. http：//baike. so. com/doc/5399886. html，2013 - 5 - 16

土地产权 [EB/OL]. http：//baike. so. com/doc/6564210. html，2013 - 06 - 23

科斯定理 [EB/OL]. http：//wiki. mbalib. com/wiki/科斯定理，2014 - 8 - 13

[34] 李文安，马文起. 河南农业土地规模经营模式及效益分析 [J]. 南都学坛，2012（7）：98～101

[35] 罗江龙. 制度变迁理论与我国农村税费改革 [D]，西南财经大学，2004

[36] 蔡立雄，何炼成. 诱致性制度变迁与农村发展——兼论社会主义新农村建设 [J]. 经济评论，2007（11）：60～65

[37] 郭姝宇. 中国农业机械化制度变迁及政策评价 [D]. 吉林大学，2011

新帕尔格雷夫经济学大辞典［EB/OL］. http：//baike. baidu. com/view/2804747. htm？fr = aladdin，2013 - 12 - 15

［38］科斯，阿尔钦等. 刘守英等译. 财产权利与制度变迁——产权学派与新制度学派译文集［M］. 上海：上海三联书店，上海人民出版社，1994

［39］李凯. 家庭农场发展对策研究——以信阳市为例［D］. 信阳师范学院，2014

［40］屈学书. 我国家庭农场发展问题研究［D］. 山西财经大学，2014

［41］严耀东. 我国家庭农场发展研究——以延津县魏邱乡为例［D］. 舟山：浙江海洋学院，2014

［42］朱海涛. 浙江省家庭农场发展对策研究［D］. 浙江农林大学，2012

［43］刘升. 成本视角下的家庭农场雇工研究［J］. 农业部管理干部学院学报，2014（15）：41～45

［44］褚天阳. 从家庭农场发展看我国土地流转制度的完善［J］. 南方农业，2014（21）：192～193

［45］王春来. 发展家庭农场的三个关键问题探讨［J］. 农业经济问题，2014（1）：43～48

［46］肖斌，等. 关于发展家庭农场的若干思考［J］. 当代经济研究，2013（10）：41～47

［47］张晓萍. 海盐县家庭农场规模经营效益研究［J］. 农业致富之友，2013（10）：19～20

［48］孙中华. 积极引导和扶持家庭农场发展［J］. 农村经营管理，2013（9）：6～10

［49］弗雷德·S·麦克切尼，等. 科斯、德姆赛次及无休止的外部性讨论［J］. 制度经济学研究，2006（6）：204～223

［50］朱启臻. 论家庭农场：优势、条件与规模［J］. 农业经济问题，2014（7）：11～18

［51］黄延信. 农村土地流转状况调查与思考［J］. 农业经济问题，2011

（5）：4～10

[52] 闵杰. 农地规模化经营探索 [J]. 农村经济, 2013 (6)：56～58

[53] 吕杰, 等. 试论现阶段家庭农场的建设要求和作用 [J]. 上海农业科技, 2014 (5)：3～4

[54] 曲一歌. 土地制度改革再进一步：三权分置, 适度规模 [J]. 中国经济导报, 2014 (12)：1～2

[55] 黄新建, 等. 以家庭农场为主体的土地适度规模经营研究 [J]. 求实, 2013 (6)：94～96

[56] 蔡立雄, 等. 诱致性制度变迁与农村发展——兼论社会主义新农村建设 [J]. 经济评论, 2007 (6)：60～65

[57] 韦森. 再评诺斯的制度变迁理论 [J]. 经济学, 2009 (2)：743～768

[58] 伍开群. 制度变迁：从家庭承包到家庭农场 [J]. 当代经济研究, 2014 (1)：37～45

[59] 黄仕伟, 等. 中国特色家庭农场：概念内涵与阶段特征 [J]. 农村经济, 2014 (10)：17～21

[60] 胡新萍. 改革开放以来我国农业扶持政策的调整及效果研究 [J]. 安徽农业科学, 2010 (36)：20993～20996

[61] 田青, 等. 农业国际化背景下对发展中国家农业产业安全的思考 [J]. 世界农业, 2015 (430)：21～26

[62] 王学真. 农业国际化对农业现代化的影响 [J]. 中国农村经济, 2006 (6)：32～39

[63] 朱世佳. 中国农业科技体制百年变迁研究 [D]. 南京农业大学, 2012

[64] 高强, 等. 中国农业结构调整的总体估价与趋势判断 [J]. 三农新解, 2014 (J)：80～91

[65] 何一波. 我国农业市场化程度分析和对策研究 [D]. 湖南农业大学, 2007

［66］李俏. 农业社会化服务体系研究［D］. 西北农林科技大学，2012

［67］刘圣维. 我国发展家庭农场需解决的问题及未来展望［J］. 南方农业，2014（10）：58～60

［68］何忠伟. 农村金融与农户小额信贷［M］. 北京：金盾出版社，2010

［69］何忠伟. 农业企业经营管理学［M］. 北京：中国农业出版社，2011

［70］何忠伟. 中国农业补贴政策效果与体系研究［M］. 北京：中国农业出版社，2005

［71］何忠伟. 中国农业政策与法规［M］. 北京：中国农业出版社，2009

［72］程国强. 2011年国务院发展研究中心研究丛书. 中国农业补贴：制度设计与政策选择［M］. 北京：中国发展出版社，2011

［73］韩俊. 构建农业可持续发展体系，大胆使用"绿箱政策". 中国发展门户网，2015－01－12

［74］陈军民，李勇超. 家庭农场经营与管理［M］. 北京：中国农业科学技术出版社，2014

［75］傅志强，王学华. 现代农场规划与建设［M］. 长沙：湖南科学技术出版社，2013

［76］蒋高明. 生态农场纪实［M］. 北京：中国科学技术出版社，2013

［77］朱顺富，浙江省农业教育培训中心. 家庭农场创建与发展［M］. 北京：中国农业科学技术出版社，2014

［78］杨伟民，胡定寰. 怎样做好家庭农场［M］. 北京：中国农业科学技术出版社，2014

［79］陈晓华. 大力培育新型农业经营主体——在中国农业经济学会年会上的致辞［J］. 农业经济问题，2014（1）：4～7

［80］薛亮，杨永坤. 家庭农场发展实践及其对策探讨［J］. 农业经济问题，2015（2）：4～8

［81］刘雪梅. 我国家庭农场人力资源开发的途径探索［J］. 农业经济问题，2013（10）：103～106

［82］苏昕，王可山，张淑敏. 我国家庭农场发展及其规模探讨——基于自愿禀赋视角［J］. 农业经济问题，2014（5）：8～13

［83］朱启臻，胡鹏辉，许汉泽. 论家庭农场：优势、条件与规模［J］. 农业经济问题，2014（7）：11～17

［84］高强，周振，孔祥智. 家庭农场的实践界定、资格条件与登记管理——基于政策分析视角［J］. 农业经济问题，2014（9）：11～18

［85］陈锡文. 鼓励和支持家庭农场发展［J］. 上海农村经济，2013（10）：4～6

［86］杨为民，李捷理，陈饶. 基于全球化视角的美国家庭农场发展与启示［J］. 农业发展，2013（11）：3～6

［87］严煤，胡荣桂. 坚持家庭农场经营方式，改革创新农村经营体制［J］. 团结，2013（01）：39～41

［88］黄仕伟，王钰. 中国特色家庭农场：概念内涵与阶段特征［J］. 农村经济，2014（10）：17～21

［89］梁涛. 美国家庭农场发展现状及启示［J］. 农村金融研究，2013（15）：10～15

［90］李尚红. 从美国的家庭农场制度看我国农业生产组织形式的创新［J］. 经济理论研究，2013（7）：84～86

［91］汪发元. 中外新型农业经营主体发展现状比较及政策建议［J］. 农业经济问题，2014（10）：26～31

［92］吴夏梦，何忠伟，刘芳，白燕飞. 国外家庭农场经营管理模式研究与借鉴［J］. 世界农业，2014（9）：129～133

［93］朱博文. 美法日家庭农场发展的经验与启示［J］. 长江大学学报，2005（5）：87～91

［94］申秀清，修长柏. 发达国家农业现代化资金来源多元化对我国的启示［J］. 农业现代化研究，2012（1）：46～49

［95］赵海燕，何忠伟. 中国大国农业竞争力问题研究［M］. 北京：中国农业出版社，2013

［96］钟真，孔祥智. 着力完善新型农业社会化服务体系. 中国农业新闻网 - 农民日报，2015 - 01 - 07

［97］Liudmila Lobanova，Iveta Ozolina - Ozola . 2014，Comparative Evaluation of the Practical Areas of Human Resource Management in Lithuania and Latvia ［J］. Procedia – Social and Behavioral Sciences（110）

［98］Julie Ingram，Peter Gaskell，Jane Mills，Chris Short. 2013. Incorporating agri - environment schemes into farm development pathways：A temporal analysis of farmer motivations［J］. Land Use Policy（31）

［99］Ildikó Asztalos Morell. 2014，"I do not understand how I became a farmer"：The small - peasant path to family farm enterprise in post - socialist rural Hungary［J］. Development Studies Research. An Open Access Journal. 1（1）. 88 ~ 99

［100］Patrik Umaerus，Gun Lidestav，LjuskOla Eriksson，Maria Högvall Nordin. 2013，［J］. Gendered business activities in family farm forestry：From round wood delivery to health service. Scandinavian Journal of Forest Research. Vol. 28（6）. 596 ~ 607

（本书部分图片未联系到作者，请原作者与出版社联系。）